KB206434

문헌 속 고흥 송광암

문헌 속
고흥 송광암

최선일·고경 편
도해 역

문헌 속 고흥 송광암을 펴내며

전국적으로 천여 곳에 이르는 전통사찰 가운데 개별 사찰 문헌집이 간행된 사찰은 30여 곳에 불과하다. 이는 현실적으로 개별 사찰에서 문헌집을 출판하는 것이 쉽지 않은 것을 의미한다. 우선 임진왜란과 일제강점기, 한국전쟁 중에 사찰 관련 문헌기록이 많이 소실되었고, 한국전쟁으로 파괴된 사찰 내 전각 건립이나 불상과 불화 등의 성보물을 조성하는 것이 시급하여 문헌기록을 일일히 챙길 여력이 없었다고 보여진다. 그러나 사찰 문헌은 역사를 밝히는 흔적이라 그 발자취를 찾아 가지 않으면 후세인들에게 올바른 역사를 물려줄 수 없다고 생각한다.

이에 사)동북아불교미술연구소에서는 개별 사찰의 문헌을 수집하고 정리해서 단행본을 간행할 계획을 수립하고, 몇 명의 연구자들에게 개별 사찰에 보시하는 마음으로 단행본 간행을 도와달라는 의견을 전했고, 도서출판 온샘 신학태 대표가 사찰 문헌집 108권을 출판해 주겠다는 의견을 주어 추진하게 되었다.

이와 같은 결실로 2017년 예산 금오산 향천사, 2020년 고성 연화산 옥천사, 2021년 마산포교당 정법사와 울진 불영사 문헌집, 예산 수덕사 문헌집을 발간하게 된 것이다. 당장 이 문헌집들은 많은 이들이 찾지 않겠지만, 시간이 지날수록 개별 사찰의 역사를 밝히려는 연구자들이나 성보문화재의 가치를 연구하는 연구자들에게 나침판 같은 역할을 할 것이라 믿는다.

고흥 송광암은 보조국사의 창건이라서 송광사에서 지속적인 관심과 노력을 기운인 암자이다. 국가에서도 국사에 대한 예의로 관심을 가지고 유지 보수해온 사실을 확인할 수 있었다. 그 직접적인 이유는 황장목과 말의 관리를 절에서 하도록 한 것이다.

　　고흥 송광암 문헌집을 간행하기 위해 많은 분들의 노고가 있었다. 문헌집 간행에 필요한 기획과 진행을 주도한 편자와 송광암 정인 주지스님 및 송광사 성보박물관 고경 관장스님, 그리고 번역을 담당해주신 여수 달마사 도해 주지스님의 정성스런 노력이 하나로 뭉쳐져 작은 결실을 맺게 된 것이다. 또한 금전적인 이득이 없는 것을 알면서도 부처님께 귀의하는 마음으로 출판을 흔쾌히 결정해 준 도서출판 온샘 신학태 대표의 넉넉한 마음에 감사를 전하고 싶다.

　　고흥 송광암 문헌집을 부처님 앞에 올리면서 이 사찰을 지켰던 많은 스님들과 신자들의 공덕에 두 손 모아 합장하는 바이다.

2024년 4월 25일
최 선 일

고흥 송광암 전경 ⓒ김일동

송광암 인법당 ⓒ원공스님

송광암 인법당(1989.4) ⓒ원공스님

송광암(1988.11) ⓒ원공스님

송광암 전경 ⓒ송광암

용두봉 오르는 길 ⓒ송광암

용두봉 오르는 길 ⓒ최선일

송광암 입구 ⓒ최선일

송광암 야경 ⓒ송광암

사진으로 보는 송광암 11

송광암 전각 ⓒ최선일

송광암 요사 ⓒ최선일

송광암 극락전 ⓒ최선일

송광암 극락전 ⓒ최선일

송광암 극락전 목조아미타여래삼존좌상 ⓒ최선일

보해, 목조아미타여래좌상, 1680년, 고흥 송광암 ⓒ최선일

색난, 목조보살좌상, 1709년, 고흥 송광암 ©최선일

하천, 목조보살좌상, 1726년, 고흥 송광암 ©최선일

【목 차】

연혁

송광암은 고흥 녹동항과 연육교로 연결된 금산면 거금도 용두봉龍頭峯에 중턱에 위치한 대한불교조계종 제21교구 본사 송광사松廣寺의 말사末寺이다.

송광암은 1200년(神宗3)[1]에 보조국사 지눌이 창건하였다. 전설에 의하면 보조지눌은 모후산에 올라 터를 찾기 위하여 나무로 조각한 새 3마리를 날려 보냈는데, 한 마리는 송광사 국사전, 또 다른 한 마리는 여수 앞바다 금오도, 마지막 한 마리는 금산 송광암에 앉았다고 하여 삼송광三松廣이라 불렀다. 보조국사 지눌은 불교가 세속화 되는 것에 분노하여 순천 송광사(당시 길상사吉祥寺)에 참선 수행 결사를 설립하여 11년 동안 주석하면서 송광사를 크게 중흥시켰다.

송광암은 임진왜란 이후 1748년(乾隆13)에 치찬致粲 장로가 4중창四重創을 하고, 1784년(乾隆49, 甲辰)[2] 3월에 양익良益 스님이 5중창五重創한 후, 다시 대들보가 무너져 기울어짐에 따라 1806년(嘉慶11, 丙寅) 3월에 양익 스님이 6중창六重創하였다. 1856년(咸豊6, 丙辰) 4월에 화주 장지현張志鉉과 선극모宣克訓, 지전持殿 증천證天, 내왕來往 봉관奉寬, 공양주供養主 이원理元 등이 7중창七重創하였다. 1896년(建陽1)에 우화又和 스님이 중수할 때 승지 선영홍宣永鴻이

---

1 松廣庵略史(1957년)에는 "檀紀3541年,西紀1209年,高麗20代神宗3年"으로 적혀 있지만, 단기 3541년은 1208년이고, 神宗3년은 1200년이다(崔).

2 松廣庵略史(1957년)에는 "乾隆36年甲辰春에(檀紀四千六十三年,西紀一千七百九十六年)"으로 적혀 있지만, 乾隆36年은 1771년(辛卯)이고, 甲辰은 1784년(乾隆49)이다(崔).

공덕주가 되고,[3] 1909년 10월 지방국사사과地方局寺社課에서 작성한 사찰고 寺刹考에 거주한 스님이 1명으로 적혀 있어 사세寺勢가 적었음을 알 수 있 다. 1910년대에 작성된 사찰 재산대장에 아미타상과 관음상이 봉안된 것 을 보면,[4] 당시 2구의 불상이 봉안되어 있었다. 1927년(昭和2, 丁卯)에 주지 경봉이 중건할 때 참봉 선남훈宣南薰이 대공덕주로 참여하였고,[5] 1929년(己 巳) 여름에 불상을 도금할 때 참봉 선남훈과 면장 장남박張南搏 등이 시주 자로 참여하였다.[6] 1933년 4월 20일에 조선총독부 관보에 게재된 송광암 귀중품에는 아미타여래, 관세음보살, 대세지보살이 각각 1구씩 적혀 있는 것으로 보아 1910년 이후 다른 사찰에서 보살상 1구가 이운된 것으로 보 인다. 당시 사찰에 봉안된 불화는 미타탱, 신중탱, 산신탱, 칠성탱, 지장 탱, 석가탱이 있었다. 1930년에 금명보정錦溟寶鼎(1861-1930)이 「고흥군금산 면풍악산송광암중수기高興郡錦山面楓岳山松廣庵重修記」와 「고흥군금산면풍악산송 광암중수급개금기高興郡錦山面楓岳山松廣庵重修及改金記」를 작성하여 송광암의 중 수가 이루어졌음을 알 수 있다. 이후 1954년에 주지 김원광金圓光 스님이 중창에 쓸 목재를 벌채해서 보관 중에 다른 사찰로 옮겨가 새로 부임한 주지 최봉곡 스님과 우두마을 김영용金永禹 등이 8차 중창하였다.

1957년 4월에 용두문을 중수하고, 「송광암약사松廣庵畧史」를 작성하였 다. 이후 1989년 6월에 크라운제과 윤영주 회장의 시주와 면민들의 불심 으로 주지 범곡원공 스님이 극락전 내부에 목조아미타여래삼존좌상을 개 금하고, 후불탱, 신중탱, 지장탱, 칠성탱, 산신탱 등을 봉안하였다.

극락전極樂殿은 남향으로 정면 3칸, 측면 3칸의 맞배지붕의 기와집[瓦家] 로, 내부에 이운 시기를 알 수 없는 목조아미타여래삼존좌상이 봉안되어

---

3 錦溟寶鼎·이대형 옮김, 『다송문고』, 동국대학교출판부, 2021, pp.262~263.
4 국립중앙박물관 소장.
5 금명보정·이대형 옮김, 위의 책(2021), pp.262~263.
6 금명보정·이대형 옮김, 위의 책(2021), pp.262~263.

있다. 조성발원문에 의하면 목조아미타여래좌상은 1680년 5월에 조각승 보해寶海와 설탄雪坦이 만든 삼존상의 본존이고, 목조대세지보살좌상은 1709 년 4월에 고흥 금탑사에 조각승 색난色難과 웅원雄元 등이 조성한 삼존상의 협시보살이며, 목조관음보살좌상은 1726년에 고흥 마북산 문수암에 조각 승 하천, 치준, 종혜가 제작한 것이다. 이 삼존불상은 2023년 6월 22일 도 유형문화재로 지정되어 관리되고 있다.

송광암 연혁

연 도	내 용	비 고
1200(神宗3)	해동불일海東佛日 보조국사普照國師 지눌知訥이 송 광암을 창건	松廣庵畧史
1748(戊辰)	치찬致粲 장로가 4차 중창	松廣庵六重創上樑文
1784(甲辰)	봄에 양익良益 비구가 5차 중창	松廣庵六重創上樑文
1806(丙寅)	3월 12일에 양익良益 비구가 6차 중창	松廣庵六重創上樑文
1856(丙辰)	3월 25일 오시에 초석을 놓고, 4월 4일 오시에 기둥을 세웠으며, 4월 8일 유시에 상량하였다. 지전持殿 증천證天, 내왕來往 봉관奉寬, 공양주供養主 이원理元이 법당을 고치고, 지붕을 새로 올림, 당시 공덕주는 선극모宣克模이다.	松廣庵七重創上樑文
1857(丁巳)	5월 「송광암중수기松廣庵重修記」 작성	송광사 성보박물관 소장
1896(丙申)	우화又和 스님이 중수할 때 승지 선영홍宣永鴻이 공덕주로 참여	錦溪寶鼎, 高興郡錦山 面楓岳山松廣庵重修記
1909	스님 1명 거주	寺刹考
1910년대	사찰재산대장 작성	국립중앙박물관 소장
1918	이설산李雪月 스님이 임기 만료 후 재임	조선총독부 관보
1921-1924	이설산李雪月 스님이 임기 만료 후 재임	조선총독부 관보
1924.6	이순홍李淳弘 스님 주지 취임	조선총독부 관보

연 도	내 용	비 고
1927	주지 경봉이 중건할 때 참봉 선남훈宣南勳이 대공 덕주로 참여	錦溟寶鼎, 高興郡錦山 面楓岳山松廣庵重修記
1929	여름에 불상을 도금할 때 참봉 선남훈과 면장 장 남박張南博 등 여러 인사들이 시주	錦溟寶鼎, 高興郡錦山 面楓岳山松廣庵重修記
1930	금명보정錦溟寶鼎(1861-1930)이 「고흥군금산면풍악 산송광암중수기高興郡錦山面楓岳山松廣庵重修記」와 「고흥군금산면풍악산송광암중수급개금기高興郡錦 山面楓岳山松廣庵重修及改金記」 작성	茶松文稿 卷1과 卷2
1931.11.24	주지 김경봉金景鳳 재임(1933.11.23 임기 만료)	朝鮮總督府 官報
1933.04.30	조선총독부 관보 1882호에 송광암 귀중품 게재	朝鮮總督府 官報
1934.09.11	주지 김경봉金景鳳 재임(1937.9.10 임기 만료)	朝鮮總督府 官報
1937.11.05	주지 이봉기李奉基 취임(1944.12.12 임기 만료)	朝鮮總督府 官報
1945.02.23	주지 이택정광李宅正光 재임	朝鮮總督府 官報
1954	주지 김원광金圓光 스님이 중창에 쓸 목재를 벌채 해서 보관 중에 다른 사찰로 옮겨 새로 부임한 주지 최봉곡 스님과 우두마을 김영용金永禹 등이 8차 중창	松廣庵畧史
1957-58	주지 최봉곡 스님이 면장 강용태에게 부탁하여 법당 중수 기성회를 조직	松廣庵畧史
1957	4월 용두문 중수와 「송광암약사松廣庵畧史」 작성	
1989.06	크라운제과 윤영주 회장의 정재와 면민들의 불심 으로 주지 범곡원공이 극락전 내부에 삼존불상 개금과 후불탱, 신중탱, 지장탱, 칠성탱, 산신탱 등을 봉안	松廣菴九創紀蹟碑
2002.12	송광암 일선 주지스님이 송광암 약사(1957년)을 송 광사 총무과장 김희철에게 제공하여 복사해 놓음	
2023.06.22	목조아미타여래삼존좌상이 도 유형문화재로 지 정됨	
2023.09.10	정인 주지스님이 사)동북아불교미술연구소(소장 최 선일)에 송광암 관련 문헌의 수집과 정리 의뢰	
2024.05.10	문헌 속 고흥 송광암 발간	온샘출판사

Ⅰ. 17세기

1. 목조아미타여래좌상 조성발원문(1680년 5월)

康熙十九年庚申五月初十日[1]開列于后

主上殿下壽萬歲

王妃殿下壽齊年

世子邸下壽千秋

佛像大施主 金海龍　　兩主

烏金大施主 林雪龍[2]　兩主

亙金大施主 花色　　　單身

亙金大施主 洪禹積　　兩主

供養大施主 朴厚南　　兩主

朱紅大施主 李三龍　　兩主

布施施主　　李二生　　兩主

布施施主　　烈玠　　　兩主

末醬施主　　崔莫立　　兩主

末醬施主　　姜得昌　　兩主

　　施主 明淳[3]

　　比丘

　眉間珠施主 明學　　比丘

　大德 處能　　　　比丘

　碩德 義雲　　　　比丘

1　康熙十九年庚申五月初十日：1680.5.10. 朝鮮 肅宗 6年. 康熙는 清 聖祖의 年號.
2　林雪龍：오기 부분 잘라내고 첩지 후 기록.
3　明淳：明順과 同一人인지 미확인.

尙文	比丘
義敏	比丘
彗明	比丘
大德證师 玉玄	比丘
持殿 應和[4]	比丘
畫貟 寶海[5]	比丘
畫貟 雪坦	比丘
供養主 太雲	比丘
供養主 法丹	比丘
別座 戒應	比丘
勸化士 幸性	比丘

강희 19년 경신(1680) 5월 10일 나란히 모시고 점안한 후(開列于后)

주상전하수만세
왕비전하수제년
세자저하수천추
불상대시주　김해룡 양주
오금대시주　임설룡 양주

4　應和：蘓月應和
系譜는 淸虛休靜 － 鞭羊彦機 － 楓潭義諶 － 霜峰淨源 － **明順**
　　1520-1604　　1581-1644　　1592-1665　　1627-1709
　　－ 逍遙太能 － 枕肱懸辯 － 　義玄 － **蘓月應和**
　　1562-1649　　1616-1684
5　寶海：1675.『顯宗殯殿都監儀軌』魂殿造成所 畫僧.

면금대시주   화색 단신, 홍우적 양주
공양대시주   박후남 양주
주홍대시주   이삼룡 양주
포시시주   이이생 양주, 열개 양주
말장시주   최막립 양주, 강득창 양주
시주   명순 비구
미간주시주   명학 비구
대덕   처능 비구, 석덕 의운 비구, 상문 비구, 의민 비구,
   혜명 비구
대덕증사   옥현 비구
지전   응화 비구
화원   보해 비구, 설탄 비구
공양주   태운 비구, 법단 비구
별좌   계응 비구
권화사   행성 비구

목조아미타여래좌상 조성발원문 ©송광사 성보박물관

康熙十九年庚申五月初十日開列□

主上殿下壽萬歲

王妃殿下壽齊年

世子邸下壽千秋

佛像大施主金海龍　兩主

烏金大施主[林雪龍]　兩主

面金大施主花色　單身

面金大施主洪禹積　兩主

供養大施主朴厚南　兩主

朱紅大施主李三龍　兩主

布施主李二生　兩主

布施施主烈珎　兩主

末帽圖施主崔莫立　兩主

末帽圖施主姜得昌　兩主

Ⅱ. 18세기

1. 목조대세지보살좌상 조성발원문(1709년 4월)

造像發願文

娑婆世界勝全州[1]海東朝鮮國全羅道興陽縣南[2]
千燈山金塔寺弟資克敏伏以得人身甚難遇佛法
轉不易如盲龜遇木而性暗根鈍禅未參経未看
佛未念而無一善可憑則每目念之心腸欲裂故依
十科之中為己為人之一條勞筋苦骨如鵲含枝而
為巢蜂採花而成蜜募衆緣召良工雕造　無
量壽如束尊像一主及覌世音菩薩大勢至菩
薩尊像二補點眼供養訖伏願以此㓛德施者
化者助緣者及現世父母諸親眷属等扵未末
世根性明利福慧弘深如覌音勢至二大士然
後證大二果如無量壽如束窮未末際現諸
浄土化無量壽衆生登彼無上岸者

　　康熙四十八年己丑四月[3]日記
　　　施主秩　　　　　　　造像片手通政色難比丘

主佛大施主演祐	張漢碓	朴慎逸	碓元
左補處施主翠眼	卓律		混平
右補處施主文淑	金世輝	證明聰彦	一奇
	達玄	朴信日	持殿覺誼	德熙

1　全州 : 金洲의 誤記로 보인다(古).

2　南 : 東을 南으로 訂正하다.

3　강희 48년 기축 4월 : 1709.4. 조선 숙종 35년. 강희는 청 성조의 연호이다.

学岑	朴之昌	誦呪海敏	大裕
弼玄	呂瓊	住持通政載融	善覺
道明	尙宗		夏天
雲捲	演卜	自还	雷習
金晩浩	李旻彬	三綱 道闲	廣惠
張益漢	崔泰岡	**㝷澤**	
金尙秋	妙法		
金致九	朴如直		
鄭昌化	穎覺	化士克敏	
申秀胤	覺天	別座呂瓊	
申尙源	金汝鑑	助緣秩	
	安氏	一玉	
		大軒	

조상발원문

사바세계 승금주 해동 조선국 전라도 흥양현 동남쪽 천등산
금탑사 제자 극민이 엎드려 발원합니다.
사람의 몸을 얻어 심히 만나기 어려운 불법을 만났으나 전수 받기도
쉽지 않았습니다.

눈먼 거북이가 바다에 떠다니는 고목을 만나기 어려운 것처럼 성품은
어둡고 근기는 아둔합니다.
참선에 참석하지도 못했습니다.
경을 읽을 줄도 모릅니다.

부처님을 염할 줄도 모릅니다.

하나의 선업도 없어서 가히 의지할 것이 없습니다.

매일 스스로 생각하면 심장이 찢어져 터질 듯합니다.

이런 이유로 십과[4]를 의지한 가운데 나를 위하고 다른 사람을 위한 한 가지를 실행하기로 했습니다.

젓가락처럼 뼈가 앙상하도록 일하여 마치 까치의 몸과 다리 같았습니다.

꿀벌들이 집에 화분을 옮기듯, 인연 있는 대중들에게 꿀을 모금하듯이 하였습니다.

훌륭한 장인을 초대해서 무량수여래 1존, 관세음보살과 대세지보살의 좌우보처를 만들어 공양을 올리고 점안해 마쳤습니다.

엎드려 발원합니다.

이 불상 조성을 위해 공덕을 베풀어 시주하신 분, 화주 하신 분, 같이 도운 인연 분들이 현세의 부모와 여러 친척 권속들이 미래 세상에는 근기와 성품이 밝고 예리하게 되소서.

복과 지혜가 넓고 깊기는 관세음과 대세지보살과 같기를 발원합니다.

그런 후에 크고 맑은 사다함과를 얻어 무량수여래와 같아서

미래세가 다하도록 모든 정토를 나타내어 무량수 중생들을 교화시켜 무상의 피안에 오르기를 발원합니다.

강희 48년 기축(1709) 4월 일 기록합니다.

　　　시주질

주불대시주: 연우, 장한웅, 박신일

---

4 십과 : 10선업을 쌓아서 받는 결과를 말한다.

좌보처시주: 취안, 탁률
우보처시주: 문숙, 김세휘
　　　　　　달현, 박신일
　　　　　　학잠, 박지창
　　　　　　필현, 여경
　　　　　　도명, 상종
　　　　　　운권, 연변
　　　　　　김만호, 이민빈
　　　　　　장익한, 최태강
　　　　　　김상추, 묘법
　　　　　　김치구, 박여직
　　　　　　정창화, 영각
　　　　　　신수윤, 각천
　　　　　　신상원, 김여감
　　　　　　　　　안씨

증명: 총언
지전: 각의
송주: 해민
주지: 통정 재융
화사: 극민
별좌: 여경
삼강: 자환, 도한, 도봉

조연질
일옥

대헌

조상편수: 통정 색난 비구
 웅원, 혼평, 일기, 덕희, 대유, 선각, 하천, 뇌습, 광혜

목조관음보살좌상 조성발원문 ©송광사 성보박물관

造像發願文

嘗娑婆世界朝鮮國全羅道興陽縣

于楞山金塔寺等爰克敏伏以得人身甚難遇佛

特不遇如盲龜遇木而性情根鈍禪末然徑末

佛末念而無一善可聞則每日念之心腸欲裂故

十科之中爲己爲人之一條勞而前甚骨如鵲含枝

爲巢釋迦花之成衆募衆緣召良工雕造

量壽如來尊像一主及觀世音菩薩大勢至

薩尊像二補處恨供養託伏軆以比功德施

任助緣者及現世父母諸親眷屬等在未來

世根性朋利福慧弘深如視音勢至二大士

後證大二果如無量壽如來窮未來際現

淨土化無量壽衆生盡侍杖無上菩提

康熙四十八年己丑四月日記

2. 목조관음보살좌상 조성발원문(1726년 2월)

(앞면)

雍正四年丙午二月^{5}日全羅左

道興陽浦頭西馬北山文殊庵^6

新造観音䓁像^{7}化士雪玄稽

首敀衣

救苦覌世音菩薩大菩薩大

悲心者乃三十二相八十種好十四無畏

三十二應千手千眼之俻足也菩薩拔

済衆生曰他之自利自利亦是利他

之素願也故非但施主先亡父母亦是化

主先亡父母非但緣化證明諸師先亡

---

5 옹정 4년 병오 2월 : 1726.2. 조선 영조 2년. 옹정은 청 세종의 년호.

6 文殊庵 : 馬北山은 『新增東國輿地勝覽』卷 40 興陽縣 山川條에 '在縣東 三十里'로 기록됨. 『한국지명총람 13(전남편1)』(한글학회, 1982). p.99『고흥군 산천조』에는 '마복산(馬伏山)【산】→마북산. 마복산(馬北山)【마북산】【산】 포두면 옥강리, 차동리 와 남성리에 걸쳐있는 산. 높이 538m. 조선조 때에 봉수대가 있어 동쪽으로 팔영 산 봉수에, 서쪽으로 천등산 봉수에 각각 응했음.'으로 기록되고, p.167 「고흥군 포두면 차동리(車洞里)조」에는 '문수-암【골】외산 동쪽에 있는 골짜기. 외-산(外山) 【마을】→큰산내. 큰-산내【외산】【마을】산내 바깥쪽에 있는 큰 마을. 산-내【마을】→ 차동리. ◉차동-리(車洞里)【수릿굴, 차동, 산내】【리】본래 흥양(고흥)군 포두면의 지 역으로서 두메가 되므로 수릿굴 또는 차동, 산내라 하였는데, 1914년 행정구역 폐 합에 따라 신촌리, 외산리, 내산리를 병합하여 차동리로 함.'으로 기록됨. 현대의 지도에는 포두면 소재지에서 동남쪽 직선거리 5.7km 지점에 마복산(馬伏山, 538.5m)이 있고, 마복산 서쪽이 차동리이며 차동리 외산마을 동북쪽에 내산마을 과 마복사가 마복산 서쪽 아래에 있다. 이 마복사가 문수암일 가능성 있음. 발원 문 중 「浦頭西馬北山」의 西는 東의 誤記로 보인다(古).

7 観音䓁像 : 手印은 大勢至菩薩像이다(古).

父母法界有住無住孤魂及現生父多

生母寃親九族之亡灵承被菩薩

之加獲力同共反菩提心者施主化主緣化

影助見聞隨喜結緣者現世灾消

障福慧增長臨終捨身受身不受

中陰之身速證正覺皇恩佛恩一

時報

　施主

黃金兼願伏大施主德順比丘

烏金大施主崔世寬兩主

体木大施主張厚元

布施主　金德昌

供养大施主張磏

(뒷면)

各〻種〻施主等

願以此功德普及扵一切

我等與众生皆共成伏道

　　　緣化秩

證明　永休比丘　竺熙

良匠　夏天　　　致俊

　　　宗惠

持殿　證修比丘　別座的粲

供养主大熙

　　　　　　大功德主雪玄

內別座兼願伏施主釋还比丘

옹정 4년 병오(1726) 2월 일

전라좌도 흥양군 포두면 서쪽 마북산 문수암

새로 관세음보살상을 조성한 화사 설현이 부처님 발에 절하며 목숨을 바쳐 귀의합니다.

괴로움을 구제하시는 관세음보살은 아버지 같은 보살입니다. 대비심이라는 것은 32상 80종호와 14가지의 두려움을 없애주는 힘, 32가지의 몸을 나투시고, 천수천안을 구족하셨습니다.

보살이 중생을 건져서 구제하심은 타인이 스스로 이롭게 하도록 돌이키게 합니다. 스스로 이롭게 하듯 하고 마찬가지로 타인을 이롭게 하는 것도 본래의 서원입니다.

시주한 이들의 선망 부모 역시 그렇고, 화주한 이들의 선망 부모도 그렇고, 연화하고 증명한 여러 스님들의 선망 부모와 법계의 자손이 있어도 자손이 없어도 외로운 영혼들과 현생의 아버지 여러 생의 어머니, 원통한 친척 등 구족의 영가들이 보살의 가호력을 받아서 함께 보리심을 일으킵니다.

시주하고, 화주하고, 연화하고, 조연한 이들과 보고 듣고 기쁘게 인연을 맺은 이들이 현세에는 재앙과 장애가 소멸하고, 복과 지혜 더욱 자라서 임종하여 몸을 버리고 몸을 받을 때 중음의 몸은 받지 않고, 속히 정각을 증득하여 황제의 은혜와 부처님의 은혜를 일시에 갚게 하소서.

　시주

황금 겸 원불 대시주: 덕순 비구

오금 대시주: 최세관 양주

체목 대시주: 장후원

포 시주: 김덕창

공양 대시주: 장각

(뒷면)
각각 종종의 시주 등이 발원합니다.
이 불사를 지은 공덕을
널리 일체 법계에 회향하오니
우리와 중생들이
다 같이 불도를 성취하게 하소서.

  연화질
증명: 영휴 비구 축희
양장: 하천, 치준, 종혜
지전: 증수 비구
별좌: 적찬
공양주: 대희
대공덕주: 설현
내별좌 겸 원불시주: 석환 비구

목조관음보살좌상 조성발원문 ©최선일

Ⅲ. 19세기

1. 송광암 6중창 상량문(1806년 3월)[8]

寫 嘉慶十一年丙寅三月十二日松廣庵
　 六重創上樑文
國之南名山類年松廣庵即其一也自故傳
今海東佛日普照國師初創云而第五重
創上樑文中有日終無年代文跡故未知
幾年之久處及乾隆十三年戊辰歲致贊
長老作名四重創云故從其文跡乃作五六
重修之記文贊張老神足良益比丘繼承
先師之本意已去甲辰春三月念七日五創
矣 不過二十三年棟樑傾推將未免傾覆之
嘆故自擔勸軸竭心彈力鳩財於千村萬
家甲辰丙寅兩度重營此庵則其功猶
勝於先師之慷慨勢將用新而當此末
運松禁至嚴加至之財補缺存完回舊成
功能事畢矣更增光彩龍神降福穀日是
差方擧數抱之樑敢陳六偉之頌兒郎偉
抱樑東方丈仙山在望中 安得探來不死
藥献吾主上壽穹崇西遙望蓮邦路
不遠奇語上中諸法侶歸依彼岸早板跡
南善友猶存五六丈夫如今再出世百城姻水
一生參北望美人芳心不釋華封祝聖不過

---

8 송광암 약사(1957년)에 게재되어 있다.

三爭以吾王無量福上碧落無運天一樣日月
星辰常放吾人心事較誰長不除非公殿是
僧舍豈徒棡作生涯念佛看經課伏
願上樑之後彈風大振佛日長明一方地靈步
〃雪山忍草十象僧寶人〃滄海神珠長爲
一國之名藍永作千年之福地
　　丙寅三月十二日
　　順天府曹溪山松廣寺浮休後裔黙庵門人
　　五雲子璿瑛謹誌

가경 11년 병인(1806) 3월 12일　6중창 상량문

　　나라의 남쪽에 유명한 산과 사찰의 종류가 많이 있는데 고흥 금산의 용두산 송광암도 그중에 하나이다. 예부터 지금까지 전해지는 해동불일 보조국사가 처음 창건하였다고 말합니다. 제5중창 상량문에서 마침 연대가 없는 문서가 있었는데, 알지 못한 채 세월이 오래 흘렀습니다. 건륭 13년 무진에 치찬 장로가 4중창의 명을 지으면서 말하였습니다. 옛날부터 내려온 그 문서에 근거해서 다섯 번째 중수와 여섯 번째 중수한 기문을 지었습니다. 치찬 장로의 정신과 실천을 양익 비구가 계승해서 먼저 가신 스승의 본래의 뜻을 따랐습니다. 갑진년(1784) 봄 3월 27일 5중창을 하였습니다. 그런데 불과 23년 만에 대들보가 무너져 기울어 장차 그 무너지고 엎어짐을 면하지 못하게 됨을 탄식하였습니다.

　　스스로 솔선수범하여 권선문의 두루마리를 옷 속에 넣고 마음을 다해 움직여 천 마을 만 집을 다니며 재물을 모았습니다. 갑진년과 병인년 동안에 거듭 불사를 하였습니다. 이 암자를 위한 그의 공덕은 오히려 그 스

승보다 훌륭하였습니다. 스님의 의리에 대한 마음이 넘쳐서 받드니 이 절의 말년 운이 새롭게 되었습니다. 소나무 베는 것을 매우 엄하게 금지하여 사찰의 재물을 더욱 불리고 보호하였습니다. 이지러지고 없어진 것을 완벽하게 되돌려 놓았습니다. 옛날처럼 이루어 놓고 일을 마쳤습니다. 다시 단청을 더 해서 빛나게 하니 용과 신들이 복을 내렸습니다. 음력 정월 8일 날을 정해 바야흐로 여러 개의 들보를 안고 올렸습니다. 감히 여섯 위[六偉][9]를 베푸는 노래를 부릅니다.

어영차! 들보를 동쪽으로 올려라.
방장산 신선이 산속에 있으니, 어찌 불사약을 캐오지 못하랴.
우리 임금께 올려서 수명이 하늘같이 높기를 기원하네.

서방의 극락에 가서 소요하기를 바라면 길은 멀지 않고
기이한 법문 듣고 상하의 여러 도반들과 함께 귀의하네.

일찍 피안의 현판에 공적을 올린 남선부주의 좋은 벗들,
가히 5·6명의 장부들이 지금처럼 다시 세상을 벗어났다네.

수많은 세상 고해의 인연으로 일생을 살았고
미인들을 바라서 불[애욕의 바다]의 일에 참석했네.

무성한 번뇌의 마음은 풀지 못해도
화봉[10] 노래와 음악으로 임금을 축수하네.

---

9 六偉 : 六偉歌의 줄임말. 상량문을 달리 이르는 말. 위자가 여섯 번 들어 있어 붙여진 이름.
10 악곡 이름. 조선 고종 때 당악정재의 하나인 포구락을 출 때 연주하던 향당교주에

세 가지를 다 연주하기도 전에
우리 왕께서 복이 한량없기를 바라네.

푸른 하늘 위의 무운천[11]엔 한결같이 일월은 항상 빛나고
우리 인간이 하는 일마다 비교하는 마음은
누가 영원히 제거하지 못하겠는가.

부처님 궁전은 스님의 집이 아닌데
어찌 스님들이 일생을 염불과 간경을 공부하지 않겠는가.

엎드려 발원합니다.
상량한 후에 선풍을 크게 떨치고,
불법은 영원히 빛나고,
한 지방 땅의 신들은 걸음걸음 부처님께 오시고,
고행을 코끼리처럼 인내하셔서 승보인 사람마다
푸른 바다 신의 여의주로
영원히 한 나라의 이름난 가람을 지었습니다.
영원한 천년의 복지에 지었습니다.

병인년(1806) 3월 12일
순천부 조계산 송광사 부휴후예 묵암문인
오운자 관영 삼가 지음

────────

임시로 지어 붙인 이름. 임금의 장수를 위한 노래이다.
11 색계 사선천의 첫째 하늘. 이 하늘은 구름 위의 구름이 없는 곳에 있다 함.

2. 송광암 7중창 상량문(1856년 4월)[12]

寫 咸豊六年丙辰四月初八日松廣庵七重創
　　上樑文
國之名山即此楓岳山〃之東下結構小庵名爲
松廣昔何年月佛日普照國師所占初創
云而第其二,三次重創則終無文跡〃可攷
故不知何歲之修理而至於乾隆十三年戊辰
致贊長老四重修也甲辰春良益比丘五重
創也丙寅春良益比丘又爲六修理也迨于
今春棟梁朽破將來免傾覆之慮勢不得
已修葺然後乃已故僧俗合議持此勸文鳩財
村落重營此庵乃爲七重創也既前酉坐卯
向不吉云故今以辛坐乙向安定此基丙辰三月
二十五日午時定礎四月初四日午時立柱同月八日
酉時上樑伏願地靈雪山忍草僧寶滄海
神珠長爲一國之名藍永作千年福地
　　丙辰四月八日
　　　　張玉鉉謹書
成造都監兼化主 宣克模
　　　　都監　　金秉珏
　　　　〃　　　吳俊弼
　　　　〃　　　朴福伊

---

12 송광암 약사(1957년)에 게재되어 있다.

鳩財化主	張志鉉	木手秩	
〃	宣克訓	都片手	李元祚
〃	張弼叙		吳啓得
〃	金日旭	副片手	吳啓福
〃	李有芳		金先文
本房秩	持殿 澄天[13]		孔有贊
來往	奉寬	助力	權正大
供養主	理元		金周木
酒監	朴仁世 雪旭		申永文

함풍 6년 병진(1856) 4월 8일 송광암 7중창 상량문을 쓴다.

나라의 유명한 산은 곧 이 풍악산입니다. 산의 동쪽 아래에 작은 암자를 지었는데 송광암입니다. 옛날 어느 해에 불일 보조 국사가 자리를 잡고 처음 창건하였습니다. 그 제2차, 제3차의 중창은 끝내 문서가 없습니다. 문서가 없으니 생각해도 알 수가 없습니다. 어느 해에 수리했는가. 건륭 13년 무진에 치찬 장로가 네 번째 중수하였습니다. 갑진년 봄에 양익 비구가 다섯 번째 중창하였습니다. 병인년 봄에 양익 비구가 또 여섯 번째 수리하였습니다. 올해 봄에 와서 마룻보와 대들보가 썩고 부러져서 앞으로 기울고 쓰러질 것이 우려되는 상황이라서 부득이 수리를 하였습니다. 그런 후에 스님과 신도들이 합의해서 권선문을 가지고 촌락을 다니며 재물을 모아서 거듭 경영을 하여 이 암자를 일곱 번째 중창하였습니다.
이전에는 서쪽을 등지고 앉아서 동쪽을 보았는데[酉坐卯向] 불길하다고

---

13 證天의 誤記로 보인다(崔).

말하였습니다. 그래서 이번에는 서남쪽을 등지고 앉아서 동북쪽을 보게[坤 坐乙向] 안전하게 정하였습니다. 이 터에 병진년 3월 25일 오시에 초석을 놓고 4월 4일 오시에 기둥을 세우고 4월 8일 유시에 상량을 하였습니다.

엎드려 발원합니다.
부처님 설산의 지신들은
승보를 인내하고 모시고
푸른 바다의 신비한 여의주를
한나라의 유명한 가람에 오래도록 모셔서
영원한 천년의 복지에 지었습니다.

병진년(1856) 4월 8일 장옥현 삼가 씁니다.

성조 도감 겸 화주: 선극모
도감: 김병각, 오준필, 박복이
구재화주: 장지현, 선극훈, 장필서, 김일욱, 이유방
본방질
지전: 증천
내왕: 봉관
공양주: 이원
주감: 박인세, 설욱
목수질
도편수: 이원조, 오계득
부편수: 오계복, 김선문, 공유찬
조력: 권정대, 김주목, 신영문

3. 송광암 중수기(1857년 5월)[14]

松廣庵重修記

名區勝庵 何限無之焉 東爲如楓岳山 松廣庵際也 楓
岳卽此山 松廣卽是菴 ㇾ之上有馬柵[15]焉 山之標爲黃
腸焉 黃腸禁養焉 馬柵守護焉 黃腸馬柵[16] 俱是
國家之治緊需 然則是庵也 不可無而亦重焉 故曰 非比
尋常之寺与庵也明矣 刱建立於普照國師之手
而于今閱幾春秋 夫物之久而廢之物之理 此庵之
舊而刱新者 其必焉 所依而所賜焉 昔者乾隆十三年戊
辰之歲 比丘[17]致賀[18]鳩財重修速至 甲辰 比丘良益募[19]緣
重修 至于嘉慶十一年丙宍 比丘良益 又爲六重修也
而況於今世棟摧樑折傾覆 在卽無人倡之勢 將空
墟倘 幸咸豐六年丙辰 比丘證天與準五 挺身募[20]緣
賁然重修 此豈非所依与賜者乎 今此比丘證天與準五 副
其先师之遺志 慨其於功之可惜費力樹功 使廢者致之
焉 舊者折之焉 挽回造化之功於證天有之矣 豈可不表
其功焉 余于□此庵 卽當重修改板 請余序文 故依
於冠人任时 兼之記述此序文 以明重修之本焉.

---

14 종이, 31.5×39.5, 1매, 송광사 성보박물관.
15 堋. 의미상 柵의 동의자족 이체자로 봄.
16 원문은 丹으로 柵의 오기.
17 比只로 기록한 것을 只위에 점을 찍어 삭제하고 옆에 丘자를 써서 수정
18 「畧史」에는 致贇으로 기록.
19 원문은 暮로 오기.
20 원문은 暮로 오기.

咸豊七年丁巳五月十二日

송광암중수기

　유명한 지역에 훌륭한 암자가 있습니다. 어떤 한계도 없이 확 트였습니다. 동쪽으로는 풍악산과 같은 산이 있는데 송광암의 경계입니다. 풍악이 곧 이 산이고 송광은 곧 이 암자입니다. 암자 위에는 말 울타리가 있습니다. 산의 황장목 표지석입니다. 황장목은 백성이 자르지 못하게 금지하였습니다. 말 울타리는 지키고 보호하는 것입니다. 황장목과 말 울타리는 모두 국가에서 요긴하게 쓰기 위하여 관리하였습니다. 그리고 이 암자도 그렇습니다.

　허가 없이 소나무를 베거나 절을 훼손하면 중죄가 됩니다. 그래서 말하기를 "예사롭지 않은 사찰과 암자는 비교할 수 없을 정도로 밝도다."

　창건은 보조국사께서 손수 세우셨는데 지금에 이르기까지 볼 때 거의 천년이 되었습니다. 대체로 건물이 오래되면 무너지는 것은 그 건물의 이치입니다. 이 암자를 옛날처럼 새로 창건하는 것은 필연입니다. 의거하는 곳은 국가에서 하사받은 곳입니다. 옛날 건륭 13년 무진에 비구 치찬 스님이 먼 곳으로 다니면서 재물을 모아 중수하였습니다. 갑진년에 비구 양익 스님이 재물을 모연하여 중수하였습니다. 예로부터 오늘에 이르기까지 가경 11년 병인에 비구 양익 스님이 또 여섯 번째 중수하였습니다. 하물며 지금 마룻대가 꺾이고 들보가 부러져서 기울고 무너져 있어도 사람이 없어서 광대같은 형태입니다. 장차 언제 빈터가 될지 모릅니다.

　다행하게도 함풍 6년 병진에 비구 증천과 준오 스님이 부지런히 노력해서 모연하고 빛나게 중수하였습니다. 이 어찌 의거한 곳이 사액을 받은 곳이 아니겠는가. 지금 비구 증천과 준오 스님은 먼저 가신 스승에 버금

가도록 유지를 따랐습니다. 그의 공적에서 슬픈 것은 나무를 쓰기 위해 힘을 쓴 것이 애석합니다. 나무가 못쓰게 되는 것은 당연한 이치입니다. 옛것은 그래서 꺾어진 것입니다. 옛것을 바로잡아 회복시키는 조화를 부린 공적은 증천 스님에게 있습니다. 어찌 가히 그 공적을 표현하지 않겠는가. 나에게 이 암자를 지금까지 중수한 내용으로 판을 새로 한다고 서문을 청하였습니다. 옛날 자료를 의지해서 임시 관원인 내가 이것을 기록하고 서문도 썼습니다. 중수한 근본을 밝혔습니다.

함풍 7년 정사(1857) 5월 12일

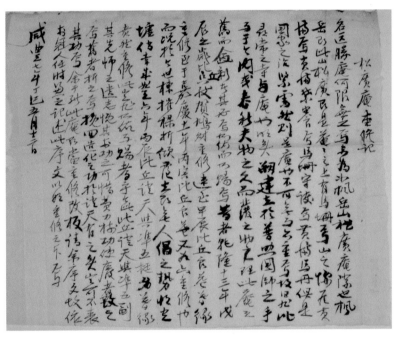

송광암중수기(1857년 5월) ⓒ송광사 성보박물관

IV. 20세기

1. 각사등록(1903년 3월 9일, 국사편찬위원회 소장)

全羅道篇4 〉 全羅南北道各郡報告4 〉 光武七年三月九日 報告書第七號[1]

報告書第七號

現에本郡錦山面所在國壽峰下松廣菴僧徒에訴狀를接准內開槪稱本菴은三韓古
菴이라其所守護을不敢疎忽이온況五殿願堂在於本菴즉所重이與他迥別而年久
歲深ᄒ야雨露滲淋에將至傾覆이라重建修補을不可少緩而材瓦難辦故로玆以仰
訴ᄒ오니報于內藏院ᄒ시와三島廢止公廨中可用者를徒時直特爲許給에以爲移
載入用等因이온바該廨가風磨雨洗瓦解棟朽ᄒ야未免抛擲之物이요亦無願買者
즉該菴僧徒에게打價許賣ᄒ오미似無未妥ᄒ와玆以報告ᄒ오니
查照指飭ᄒ시믈 伏望
光武七年三月九日　　　全羅南道突山郡守馬駿榮
內藏院卿　　　閣下

　　　僧徒之所請容或無怪公
　　廨所關自是綦重許賣一
　　　再三島前鎭公廨摘奸成冊添付
　　　　繕呈홈
　　款不可准施該公廨另飭守
　　護俾無頹圮之弊向事
　　　　廿四日

---

1 문서번호 007 / 발신자 馬駿榮(突山郡守) / 수신자 內藏院卿 / 발신일 光武七年三
月九日(1903년 3월 9일) / 출전 全羅南北道各郡報告 4(42a~42b) / 各司謄錄 21, 全
羅南北道各郡報告 4(117c~118a).

보고서 제7호

현재 돌산군 금산면에 있는 국수봉 아래 송광암 승려들이 소송장^{訴狀}을 준비하고 접수하여 내용의 뜻을 열어보면, 대체로 이 암자는 삼한 시대의 옛 암자라고 합니다. 이 암자를 수호하는 일은 감히 소홀히 할 수 없는 것입니다. 하물며 다섯 불전과 원당이 이 암자에 있어서 소중한데 다른 것과 특별하게 다릅니다. 해가 오래되고 해가 깊어져서 비와 이슬이 스며들어 장차 기울어지고 무너지게 되었습니다. 수리하고 보수해서 중건을 조금이라도 늦추면 안되지만 목재와 기와를 준비하기 어려운 까닭으로 이에 우러러 하소연합니다.

내장원^{內藏院2}에서 여쭈어서 삼도³를 폐지한 관가의 건물 중에 사용 가능한 것을 언제든지 곧바로 특별히 허락해 주시면 옮겨 들여서 사용하려고 합니다. 그 관아의 건물도 바람에 부식되고, 비에 씻겨나가고, 기와가 깨지고, 마룻대가 썩어서, 내던져 버려짐을 면치 못하는 물건입니다. 또 매매를 원하는 자도 없으므로 그 암자 승려들에게 가격을 매겨서 매매함이 마땅합니다. 이에 보고하오니 사실을 조사해서 지시하여 주시기를 엎드려 바랍니다.

광무 7년 3월 9일 전라남도 돌산군수 마준영

내장원 대감^卿 각하

---

2 조선 말기에 임금의 세전물, 장원 그 밖의 재산을 관리하던 관아. 고종 32년(1895)에 제정했다가 바로 내장사로 고쳤다. 광무 3년(1899) 다시 이름을 회계원으로 고쳤다. 광무 9년(1905)에 내장사로 했다가 융희 1년(1907)에 다시 이름을 회계원으로 고쳤다.

3 거문도의 옛 이름. 동도, 서도, 고도의 세 섬으로 이루어진 데서 비롯한 이름. 조선 말기까지 썼다.

승려들의 청한 바의 내용에 이상이 없습니다. 관아의 건물은 관아의 소관입니다. 스스로 옳게 판단하고 꼭 필요하면 하나의 매매를 허락합니다. 다시 삼도의 전 진영 건물을 난잡한 것을 파헤친 자료를 정리해서 첨부해 바칩니다.

항목은 옮기는 기준에 불가하다. 해당 관아의 건물은 따로 수호하도록 단단히 타이르도록 시키고 무너져 못 쓰게 되지 않게 할 일을 하라.

24일

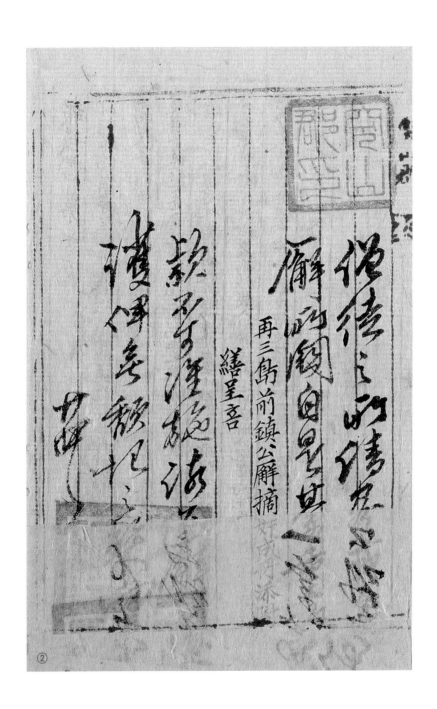

報告書 第七号

現에本郡錦山面所在國主寺峰下松廣菴僧徒에訴状을接准稱本菴슨三韓古

菴이와其所守護을不敢疎忽이옵況

五殿願堂在於本菴주所重이與他逈別兩年久歲深ᄒ야兩露滲淋ᄒ야將至傾覆이라重建

修補을不可少緩而材尾難辦故玆以仰訴ᄒ오니報于 內藏院ᄒ시와三島廢止公廨中可

用者를從時直爲許給에以爲移載入用等因이옵바該廨가風摩雨洗尾觧棟栝ᄒ야未兑

拋擲之物이요亦無願買者즉該菴僧徒에게打價許賣ᄒ오디以無未安ᄒ야玆以報告ᄒ옵

查照指飭ᄒ시믈伏望

光武七年三月九日

全羅南道突山郡守馬駿榮

內藏院卿

閣下

2. 각사등록(1904년 3월, 국사편찬위원회 소장)[4]

全羅道篇4〉全羅南北道各郡訴狀5〉光武八年三月 日

訴狀

全羅南道突山郡錦山島居民　林翰奕　劉鳳烈

　　　　　　　　張安翼　韓和益

　　　　　　　　韓世基　姜和順

　　　　　　　　崔日瑚　吳永之

　　　　　　　　崔吉煥　朴燦孝

　　　　　　　　李仁爕　金仲彦

　　　　　　　　梁亨文　黃瑞仁

　　　　　　　　崔性汝　南燦元　等

伏以本島가前者興陽縣牧場에屬亨時에營邑鎭牧許

多弊端으로民不聊生이옵더니島民等이呼訴于太僕寺矣러

니只以本島所在牧田土稅納을自當上納于京司케亨랍신

處分을奉承亨와數十年無弊上納이옵고本邑에셔島民處

에差出所任名目은永爲革罷亨옵신

明禮宮申飭계옵셔各處弊端을一ㅅ除袪亨시기로

聖恩을萬分之一이ㄴ報答亨옵기爲亨와島民等이物財을

擔當亨야本島松廣菴에

4　기사제목 光武八年三月 日 / 발신자 林翰奕, 劉鳳烈, 張安翼 等(突山) / 수신자 內
藏院卿 / 발신일 光武八年三月 日(1904년 3월) / 출전 全羅南北道各郡訴狀 5(25a~
26b) / 各司謄錄 21, 全羅南北道各郡訴狀 5(464b~465a).

上祝願堂을創建ᄒ옵고

大皇帝陛下爲祝祈禱을尙今擧行이온中本島을突山郡
에移屬되옵고度支部元結上納每結八十兩式當納ᄒ옵고該

田畓主의賭租을依例半分이옵고　本院賭租上納稅畓每
結七十兩과田每結四十兩式을竝作人이亦爲當納이오니此所謂
一士三稅옵기殘民이擧皆移散之境이온中奸猾挾雜輩가
出沒府郡ᄒ아誅求勒捧ᄒᄂ弊瘼과本島所産各種都賈
와各額雜稅가層生疊出ᄒ옵기民難支保ᄒ와莫重莫敬
之地을必將空虛乃已故로擧實呼訴쁜안니오라本島民이
安業資生次大小民人이齊議ᄒ옵고裹足上京ᄒ와抹弊
諸條節目을粘連齊聲哀籲ᄒ오니洞燭ᄒ옵신後에
特垂寛洪之澤ᄒ시와度支部元結上納과該田畓主의賭
租난竝作人等이依例當納ᄒ옵고　本院賭租上納稅난該

田畓主의게依章程捧納케ᄒ옵시고奸猾挾雜輩의勒捧錢을
一ᄉ査徵ᄒ와還給民處케ᄒ옵시고本邑에셔差出所任名色과
各種都賈及雜稅名目을永爲革罷之意로發訓嚴飭
于府郡ᄒ시며另成章程以給ᄒᄉ遐士殘民으로以爲奠
接之地을千萬泣祝
光武八年三月　日　島民之受侵難保之
　　狀已爲稔悉　自府另行
內藏院卿閣下　　査格凡本院原定賭
稅外其他從中作弊之端一切革
廢以安民業更無至呼冤之弊
向事

四月五日。觀察府。

전라도편4 〉전라남도 각군 소장5 〉광무 8년 3월 일

소장
전라남도 돌산군 금산도 거주민
 임한혁 류봉열
 장안익 한화익
 한세기 강화순
 최일호 오영지
 최길환 박찬효
 이인섭 김중언
 양형문 황서인
 최성여 남찬원 등이 부복합니다.

　본도가 전에 흥양현 목장에 속할 때, 감영이 있는 영읍의 관아에서 다스리면서 허다한 폐단으로 국민이 편안한 생활을 못하였습니다. 도민 등이 태복사[5]에 호소하였더니 다만 본도 소재의 목전토의 세금을 스스로 담당하여 서울의 관아로 상납하라는 처분을 받들어 왔고 수십 년 동안 상납하여도 폐단이 없었습니다. 본 읍에서 도민들 사는 곳에서 소임 명목으로 차출한 것을 영원히 혁파하신 명례궁[6]에서 단단히 타일러 경계申飭하시고 여러 곳의 폐단을 일일이 제거하시었기에 성은의 만분지 일이라도 보답

---

　5 태복시는 조선 시대 때 임금의 거마와 조마 같은 것을 맡은 관아이다. 고종 32년에 사복시를 폐지하고 설치하여 융희 1년에 주마과로 고쳤다.
　6 덕수궁의 전 용어.

하기 위하여 도민들이 물건과 돈을 담당하여 본도의 송광암에 나라의 임금을 위하여 부처님께 기도하는 불당上祝願堂을 창건하여 대황제폐하를 위하여 축원과 기도를 지금까지 거행 중입니다.

본 도를 돌산군에 이속移屬 시키고 탁지부[7] 원결[8]의 세금 상납은 매 결에 80냥씩 내는 것이 마땅합니다. 해당 전답 주인에게 내는 세금은 절반이고, 본원의 농부 세금은 상납하고 답은 매 결 70냥과 전은 매 결 40냥씩을 모두 짓는 사람은 당연히 다 냅니다. 이렇게 말한 바대로 하나의 땅에 3가지의 세금을 내기 때문에, 천민의 대부분이 옮겨가고 흩어진 상황입니다. 중간의 간사하고 교활한 잡것의 무리들이 끼어들어 부군과[9]와 출몰해서 백성의 재물을 강제로 요구하여 빼앗고 돈과 물건을 바치게 하는[勒捧] 고치기 어려운 폐단과 본도에서 생산되는 각종 도매와 각각의 머릿수에 대한 잡세가 여러 가지로 겹쳐서 자꾸 생겨납니다.

백성이 (오랫동안) 지탱하고 보존하기 어려워서 더할 나위 없이 아주 중요한 곳이 만약 장차 텅 비게 된 까닭으로 참으로 들추어내고 호소합니다. 본 도민들이 안심하고 업무에 종사하며 살기 위하여 여러 백성이 같이 상의하여 서울로 올라와서 여러 조목의 폐단을 없애는 증거서류를 덧붙이기를 한목소리로 애절하게 호소합니다. 깊이 헤아려 살피신 후에 특별히 너그럽게 은덕을 베풀어 주시어 탁지부의 원결 상납과 해당 전답 주인의 세금도 농사짓는 사람들이 당연히 상납합니다.

본원의 전답 주인에게 내는 상납세는 해당 전답 주인에게 조목으로 나누어 정한 규정에 의해 물품을 거두어 들이게 하시옵고, 간사하고 교활한

---

7 대한제국 때에 둔 국가 전반의 재정을 맡아보던 중앙 관청. 고종 32년에 탁지아문을 고친 것으로 융희 4년까지 있었다.
8 조세를 매기기 위하여 계산하여 놓은 원래의 토지 면적.
9 府郡課는 대한제국 시대, 내부의 지방국에 두었던 한 과. 광무 9년에 州縣課를 고친 이름이다.

잡것들은 늑봉전[10]을 일일이 조사하여 물려받으셔서 백성에게 도로 돌려
주시옵고, 본 읍에서 소임 명분으로 내세우는 구실로 차출과 각종 도매
및 잡세 명목을 영원히 혁파한다는 마음으로 엄하게 훈계해서 훈령을 부
군과에 내려주십시오. 따로 조목으로 나누어 정하는[事程] 것이 빨리 이루
어져서 서울에서 먼 지방의 가난하고 외로운 백성이 머물러 살 곳을 정할
수 있기를 천 번 만 번 울면서 빕니다.

광무 8년 3월 일

내장원 대감[卿] 각하

도민이 침탈을 받고, 삶을 보존하기 어려운 상황이 모두 쌓여서 관청
으로부터 각별히 격식을 갖추어 조사를 시행합니다. 무릇 본원이 정한 농
부의 주인에 대한 세금 외에 기타로 따르는 폐단을 끼치는 모든 것을 개
혁하고 폐지합니다. 백성이 편안히 생업에 종사할 수 있도록 다시는 원통
함을 부르짖어 말하는 일이 없도록 폐단을 없애 주소서.

4월 5일 관찰부

---

10 돈이나 물건을 강제로 바치게 하는 세금.

訴狀

全羅南道突山郡錦山島居民　林翰奕

劉鳳烈

張安翼　韓和益

韓世基　姜和順

崔日瑚　吳永之

崔古煥　朴燦孝

李仁夔　金仲彦

梁亨文　黃瑞仁

崔性汝　南燦元　等

伏以本島가前者興陽縣牧場에屬喜時에營邑鎭牧許

①

田畓主의賭租을依例半分이옵고　本院賭租上納稅畓每

結七十両짜田每結四十両式을等作人이亦爲當納이오니此所謂

一土三稅옵기殘民이舉皆移散之境이온中奸猾挾雜輩小

出沒府郡ㅎ야誅求勒捧ㅎ난弊瘼짜本島所産各種都賈

와各項雜稅가層生疊出ㅎ읍기民難支保ㅎ와莫重莫敬

之地을必將空虛乃已故로舉實呼訴옵더니짜本島民이

安業資生次大小民人이齊議ㅎ옵고裏足上京ㅎ와抹弊

諸條節目을粘連齊籲衰籲ㅎ오니　洞燭ㅎ옵신後에

特垂寬洪之澤ㅎ시와度支部元結上納짜該田畓主의賭

租也等作人甘이依例當納ㅎ옵고　本院賭租上納稅也該

多弊端으로民不聊生이옵더니島民等이呼訴于太僕寺矣러

니只以本島所在牧田土稅納을自當上納于京司께ᄒᆞ옵신

處分을奉承ᄒᆞ와毅十年無弊上納이옵고本邑에셔島民慶

에差出所任名目은永爲革罷ᄒᆞ옵신

明禮宮申飭게ᄒᆞ오셔各處弊端을一除袪ᄒᆞ시기도

聖恩을萬分之一이나報答ᄒᆞ옵기爲ᄒᆞ와島民等이物財을

擔當ᄒᆞ야本島松廣菴에

上祝願堂을刱建ᄒᆞ옵고

大皇帝陛下爲祝新禱을尙令擧行이온中本島을突山郡

에移屬되옵고度支部元結上納每結八十兩式當納ᄒᆞ옵고該

②

田畓主의미依章程捧納케ᄒᆞ옵시고奸猾捿雜輩의勒捧錢을

一은査徵ᄒᆞ와還給民廬케ᄒᆞ옵시고本邑에서牟出ᄒᆞᆫ仕名色ᄭᅡ

各種都賈及雜稅名目을永爲革罷之意로發訓嚴飭

于府郡ᄒᆞ시며另成章程以給ᄒᆞᆫ小遐士殘氓으로ᄡᅥ爲眞

接之地을千萬泣祝 島本을쥬揚홈

先武八年三月 日

內藏院卿 閣下

3. 사찰고 - 송광암(1909년, 국립중앙박물관 소장)

全羅南道突山郡松廣菴	
所　在　地	錦山面折錦島國壽峯下
宗　　派	
本　尊　佛　名	釋迦如來
管　理　者	成玉
管　理　者	
差　任　方　法	
管　理　及 維　　持 方　　法	
僧　尼　數 及　區　別	僧一
沿　　革	普照國師가 創建함
備　　考	

4. 고흥 송광암 재산대장(1910년대, 국립중앙박물관 소장)

松廣庵 송광암	松廣寺 末寺 말사		全羅南道 高興郡 錦山面 전라남도 고흥군 금산면	
名稱 명칭	品質 품질	數量 수량	其ノ他重要事項 기타중요사항	摘要 적요
觀音佛 관음불	木造塗金 목조도금	1		
極樂像 극락상	〃	1		
法華經 법화경	紙 지	1		
松廣庵重修記 송광암중수기	〃	2		
測量圖 측량도	〃	1		
禮拜磬 예배롱	鉄 철	1		
香炉 향로	〃	3		
茶器 다기	〃	1		
大佛器 대불기	〃	1		
小佛器 소불기	〃	5		
香盒 향합	〃	1		
燭坮 촉대	錫 석	2		
佛鉢盂盤 불발우반	鉄 철	1		
光金 광금	〃	1		
梵鐘 범종	〃	1		
撓鈴 요령	〃	2		

松廣庵 송광암	松廣寺 末寺 말사		全羅南道 高興郡 錦山面 전라남도 고흥군 금산면	
鼓 고	木 목	1		
木鐸 목탁	木 목	1		
食鼎 식정	水鉄 수철			
美鼎 양정	〃	1		
食器 식기	鉄 철	6		
匙子 시자	〃	15		
陶甑 도증	陶器 도기	1		
美子 양자	鍮 유	1		
醬甕 장옹	陶器 도기	1		
食小盤 식소반	木 목	1		
醬瓶 장병	陶器 도기	1		
木樻 목궤	木 목	3		
磨桶 마통	〃	1		
石臼 석구	石 석	1		
石臼 석구	石 석	1		
鑑子 감자	木 목	1		
光伊 광이	水鉄 수철	1		
研石 연석	石 석	1		
德帶 덕대	藁 고	1		

名稱	品質	數量	其ノ他重要事項	摘要
大佛器	鐵	一		
小佛器	〃	五		
香盒	〃	一		
燭坮	錫	二		
佛鉢盃盤	鐵	一		
光金	〃	一		
梵鐘	〃	二		
搖鈴	〃	二		
皷	木	一		

②

77

松廣庵 末寺 松廣寺
全羅南道高興郡錦山面

名稱	品質	數量	其ノ他重要事項摘要
觀音佛	木佛塗金	一	
極樂佛	〃	一	
法華經	紙	二	
松廣庵重修文	〃	一	
測量圖	〃	一	
禮拜磬	鉄	一	
香炉	〃	三	
茶器	〃	一	

①

名稱	品質	數量	其ノ他重要事項	摘要
木樻	木	三		
唐桶	〃	一		
石臼	石	一		
鑵子	木	一		
光伊	水鉄	一		
研石	石	一		
德祥	藁	一		

④

醬瓶	食小盤	醬瓮	羹子	陶甑	匙子	食器	羹鼎	食鼎	木鐸
陶器	木	陶器	鑄	陶器	〃	鉄	〃	水鐵	木
一	一	一	一	一	一五	六	一	一	一

③

5. 고흥군금산면풍악산송광암중수기(1930년, 금명보정)

高興郡錦山面楓岳山松廣庵重修記

伏聞一蘆葉覆佛。感得十輪之王位。三錢金施僧。穿得五里之寶藏。而況修一殿而安佛。銑十束而衣佛者。豈特以王位寶藏論也哉。是庵者。卽普照國師所剙之寶方。其地也秀麗。其佛也神靈。悆禱卽應。如響傳谷。願求卽遂。如月印江。神異靈妙之蹟。自在於鄉老村夫之口碑。不足重瀆也。未知幾經刦波。而咸豊七年丁巳。澄天[11]重修。宣公克模爲功德主。建陽元年丙申。又和重修。承旨宣公永鴻。又作功德主。昭和二年丁卯。住持景鳳重建。悆奉宣公南熏又作大功德。己巳夏銑金塗佛。悆奉公與本面長張南搏及佐佐木等諸君子同結良緣。成就佛事。椽栶塼瓦。變成堅固寶殿。漆陋烏躬。改作光明金身。從此而佛心靈妙。天龍歡喜。衆生歸信。必得消災降福。玩客投杖。將有手舞足蹈矣。嗚呼。宣公三代之作福。華三祝箕五福。已無可論。同悆諸君子之結緣。苟八龍周九齡。必有報應。以其住持之化緣。叫合諸檀氏之信根。修繕殿宇。銑光佛身。而煥然改觀者。要得同結善緣同圓種智之無疑也。恐泯芳蹟。略記顚末。以永厥德云尒。

『다송문고茶松文稿』 권제일卷第一(ABC, H0315 v12, p.716b23-717a01)

고흥군 금산면 풍악산 송광암 중수기[12]

　살펴서 잘 들어보니, 갈대 잎사귀 하나로 부처님을 덮어 준 공덕으로 십륜十輪 왕위[13]의 과보感得를 얻었고, 동전 세 냥을 스님에게 시주한 공덕

11　證天의 誤記이다.
12　번역은 錦溟寶鼎·이대형 옮김, 『다송문고』, 동국대학교출판부, 2021, pp.262~263
　　을 참조하였다.

으로 5리나 되는 보배[寶藏]¹⁴ 창고를 얻었다고 합니다. 하물며 전각을 수리하여 불상을 안치하고 10속의 금으로 불상에 옷을 입혔으니 어찌 왕위와 보배창고로 논할 뿐이겠습니까?

이 암자는 보조국사普照國師께서 창건한 사찰[寶方]로 그 지역이 수려하고, 그 불상은 신령합니다. 간절히 기도하면 감응해 주시는 것이 소리치면 골짜기에서 되돌아오는 소리처럼 분명하고 원하는 것은 곧바로 이루어 주시는 것은 달이 강에 비치듯 합니다. 신기하고 영묘한 사실들은 마을 노인과 촌부들의 구전口碑으로 남아 있으니, 거듭 말할[重瀆] 필요가 없습니다.

몇 번의 세워지고 무너지는 과정의 세월[刼波]이 겪었는지 모릅니다. 1857년(함풍 7년, 정사)에 증천證天이 중수할 때 선극모가 공덕주가 되었습니다. 1896년(건양 원년, 병신)에는 우화 스님 중수할 때 승지 선영홍이 또 공덕주가 되었습니다. 1927년(소화 2년, 정묘)에는 주지 경봉이 중건할 때 참봉 선남훈이 또 대공덕주가 되었습니다. 1929년(기사) 여름에는 불상을 도금할 때 참봉 선남훈과 면장 장남박과 사사키[佐佐村] 등 여러 인사들이 좋은 인연을 같이 맺어 불사를 성취하였습니다.

서까래와 벽돌·기와가 변하여 견고한 보배 전각이 되었습니다. 칠이 벗겨지고 얼룩지고 누추하고 검은 몸이 광명을 발하는 금신金身이 되었습니다. 이로부터 불심佛心이 영묘하고 천룡이 환희하였습니다. 중생의 믿음이 되돌아오니 반드시 재앙을 소멸하고 복을 내려 줍니다. 완상하는 객과 스님은 지팡이를 던지고 생활하니 장차 손뼉을 치고 발을 들어 춤을 추었습니다.

---

13 인도 신화 속의 임금. 정법으로 온 세계를 통솔한다. 여래의 32상을 갖추고 칠보를 가지고 있으며 하늘로부터 금, 은, 동, 철의 네 가지 윤보를 얻어 이를 굴리면서 사방을 위엄으로 굴복시킨다. 전륜왕, 금륜왕, 은륜왕, 철륜왕, 등이 있다.
14 보배롭게 여겨 잘 간직함. "부처의 미묘한 교법"을 보배 창고에 비유하는 말. 여기서는 부자가 되었다는 말이다.

아! 선공宣公이 3대의 복을 지었으니 이를 빛내는 세 번의 축원으로 다섯 가지 복은 삼태기에 가득하여 다시 말할 필요가 없습니다. 동참하신 여러 군자들과 인연을 맺었으니 진실로 천룡팔부가 두루 보호하여 90세까지 반드시 보응이 반드시 있을 것입니다. 그 주지의 교화 인연으로 여러 단월[檀氏]들 신심의 뿌리[信根]를 규합하여 전각을 수선하고 불상을 빛나게 하여 찬란하게 변모시켰습니다. 함께 좋은 인연을 맺고 함께 원만한 지혜의 종자를 심었으니 반드시 좋은 결과를 얻는 것에 대하여 어떤 의심도 없습니다. 이 아름다운 자취가 없어질까 염려하여 시작과 끝의 내용을 대략 기록해서 그 덕을 영원하게 전하고자 할 뿐입니다.

6. 고흥군금산면풍악산송광암중수급개금기문
(1930년, 금명보정)

高興郡錦山面楓岳山松廣庵重修及改金記

伏聞一葉覆佛。感得十輪之王位。三錢施僧。尙得五里之寶藏。而況修一殿而
安佛。銑十束而衣佛者。豈特以王位寶藏論之哉。今玆寺者。卽普照國師所刱
也。其地也秀麗。其佛也神靈。懇禱卽應。如鍾待叩。求願卽遂。如月印江。其
神異靈蹟。自在閭里之口碑。不足煩之。考其古記。嘉慶十一年丙寅。良盖[15]比丘
爲六重修。咸豊六年丙辰。證天比丘重修。故宣公克模。作功德主。建陽元年
丙申。又和重修。承旨宣公永鴻又作功德主。昭和二年丁卯。住持景鳳。募
化重修。爰奉宣公南熏。又作大功德。庚午春改金佛事。爰奉公與本面長南
公。及佐木等諸君子。同結良緣。成就佛事。煥然佛宇。朽栢脫瓦。變成金剛
寶殿。添身烏躬。改作光明金體。從此而佛心靈而降福。天龍歡而消災。嘻
宣公三代之作福。十輪王華三祝已無可論。諸君爰同之結緣。五里金苟八
龍必有感應。以其化主之叫合檀氏之良緣。同修淨業同圓種智之無疑也。
恐泯芳蹟。略記始末。以永厥德云尒。

『다송문고』茶松文稿卷第二(ABC, H0315 v12, p.771a01)

고흥군 금산면 풍악산 송광암 중수와 개금기문[16]

 살펴서 잘 들어보니, 갈대 잎사귀 하나로 부처님을 덮어 준 공덕으로
십륜十輪 왕위의 과보[感得]를 얻었고, 동전 세 냥을 스님에게 시주한 공덕

---

15 良益의 誤記이다(崔).
16 번역은 錦溟寶鼎, 이대형 옮김, 『다송문고』, 동국대학교출판부, 2021, pp.674~
 675을 참조하였다.

으로 5리나 되는 보배[寶藏] 창고를 얻었다고 합니다. 하물며 전각을 수리하여 불상을 안치하고 10속의 금으로 불상에 옷을 입혔으니 어찌 왕위와 보배창고로 논할 뿐이겠습니까.

이 사찰은 바로 보조국사께서 창건하셨습니다. 그 지역이 수려하고, 그 불상은 신령합니다. 간절히 기도하면, 즉시 응답하심이 마치 종이 두드림을 기다림과 같습니다. 원하는 것을 구하면, 즉시 이루어지는 것이 마치 달이 강에 비침과 같습니다. 그 신령하고 기이한 사실은 마을의 구전口碑에 많이 전하니 번거롭게 그것을 보탤 필요가 없습니다.

옛 기록을 고찰하면, 1806년(가경 11년 병인)에 양익良益 비구가 여섯 번째 중수하였습니다. 1856년(함풍 6년 병진)에 증천證天 비구가 중수할 때 고故 선극모宣克模 공이 공덕주가 되었습니다. 1896년(건양 원년 병신)에 우화又和 스님이 중수할 때 승지承旨 선영홍宣永鴻 공이 공덕주가 되었습니다. 1927년(소화 2년 정묘)에 주지 경봉景鳳이 모연하고 화주募化하여 중수할 때 참봉 선남훈宣南熏 공이 대공덕주가 되었습니다. 1930년(경오) 봄에 금을 새로 입히는 [改金] 불사를 하였고, 참봉 공이 금산면 면장 장공張公・사사키[佐木] 등 여러 군자와 함께 좋은 인연을 같이 맺어 불사를 성취하니 불전[佛宇]이 찬란해졌습니다. 썩은 평고대와 어긋난 기와들이 금강보전金剛寶殿으로 변하였고, 금이 벗겨져 검게 보였던 몸은 금빛 광명으로 빛나는 몸[金體]으로 바뀌었습니다. 이로부터 불심佛心이 영험하여 복을 내리고 천룡 팔부가 환희하며 재앙을 소멸게 되었습니다.

아, 선공宣公이 3대에 걸쳐 복을 지으니 십륜의 왕위의 과보를 받게 되었고, 이를 축하하는 세 번의 축원을 드리니 나머지는 거론할 것도 없습니다. 같이 참여하여 인연 맺은 군자들도 5리의 보배창고와 진실로 팔부 신장이 보호하니 반드시 감응 있을 것입니다. 화주와 단월들의 좋은 인연을 규합하였습니다. 깨끗한 업[淨業]을 같이 닦고 원만한 지혜의 씨앗[種智]을 심었으니 결과는 의심할 필요가 없습니다. 아름다운 사실이 없어질까 염려하여 전체적인 내용을 대략 기록해서 그 덕이 영원하게 전하기를 바랄 뿐입니다.

7. 송광암 귀중품(1933년 4월 20일, 조선총독부 관보)

1933년 4월 20일 조선총독부 관보 제1882호(13면) 귀중품 대장
寺刹名　　全羅南道高興郡錦山面 松廣庵 貴重品

名稱 명칭	員數 원수	品質 품질	形狀 형상	寸法 촌법	摘要 적요
阿彌陀佛 아미타불	1	木製 塗金 목제 도금	坐像 좌상	高 2尺	
觀世音菩薩 관세음보살	1	同 동	同 동	同 1尺4寸5分	
大勢至菩薩 대세지보살	1	同	同	同 1尺5寸	
彌陀幀 미타탱	1	布製 포제	掛圖 괘도	縱 3尺7寸5分 橫 6尺2寸	
神衆幀 신중탱	1	同 동	同 동	同 4尺8寸 同 3尺3寸8分	
山神幀 산신탱	1	同	同	同 3尺8寸2分 同 2尺1寸4分	
七星幀 칠성탱	1	同	同	同 3尺8寸 同 3尺1寸4分	
地藏幀 지장탱	1	同	同	同 3尺7寸4分 同 3尺4寸5分	
釋迦幀 석가탱	1	同	同	同 3尺5寸3分 同 3尺3寸	

（上部は寺刹所藏佛像等の一覽表。全羅南道寶城郡文德面大原寺・全羅南道高興郡山面松廣庵・全羅南道麗水郡突山面向日庵等の佛像名・品名・員數・品質・形狀・寸法（縱・橫）・法量要を記す。）

○生徒募集

昭和八年五月本校ニ入學セシムベキ生徒ヲ左記要項ニ依リ募集ス

昭和八年四月

一、本校ノ位置　京城府蓬松洞一四六番地（蓬松公立普通學校ノ傍）
二、修業年限　二年
三、教授時間　午後七時ヨリ十時迄但シ日曜日合ニ同ジ。教授開始時刻ヲ變更スルコトアルベシ
四、教授人員　百六十名
五、資格　普通學校六箇年卒業者又ハ同等以上ノ學力アル者
六、出願手續　入學願書ハ四月十五日ヨリ同二十八日マデニ本校所定ノ書式ニヨリ提出シ受驗票ヲ受取ルベシ、但シ郷遠キ希望スル者ニハ郵便ヲ以テ手封入

七、入學試驗
　受附　四月三十日（日曜日）午前九時ヨリ
　場所　本校内
　口答試問　國語、算術
　學科試問　算術、習字
　携帶品　鉛筆、小刀、拂箋
　成績發表　五月二日（火曜日）午後五時本校ニ揭示ス

八、入學式
　五月三日午後七時マデ

九、學費
　入學金　三圓
　授業料毎月　八拾錢

京城公立商業實修學校

84　문헌 속 고흥 송광암

8. 일제강점기 주지 현황

1) 1918-02-27 조선총독부 관보 제1666호(大正)

住持異動 / 彙報-宗敎

大正7년 2월 12일 任期滿了ノ處再任就職認可

全羅南道高興郡錦山面 松廣庵 李雪月

   주지이동 / 휘보[17] - 종교

   대정 7년 2월 12일 임기만료 그곳에 재임 취직인가

   전라남도 고흥군 금산면 송광암 이설월

2) 1921-07-20 조선총독부 관보 제3627호(大正)

住持異動 / 彙報-宗敎

大正10년 6월 22일 任期滿了ノ處再任兼務就職認可

全羅南道高興郡錦山面 松廣庵 李雪月

   주지이동 / 휘보 - 종교

   대정 10년 6월 22일 임기만료 그곳에 재임 겸 업무 취직인가

   전라남도 고흥군 금산면 송광암 이설월

3) 1924-08-13 조선총독부 관보 제3627호(大正)

住持異動 / 彙報-宗敎

大正13년 6월 1일 任期滿了 全羅南道高興郡錦山面 松廣庵 李雪月

大正13년 6월 2일 就職認可 全羅南道高興郡錦山面 松廣庵 李淳弘

---

17 한 계통의 여러 가지를 종류별로 분류하여 한 데 모아 엮어 알리는 보고. 또는
   그 기록.

주지이동 / 휘보 - 종교

대정 13년 6월 1일 임기만료 전라남도 고흥군 금산면 송광암 이설월

대정 13년 6월 2일 취직인가 전라남도 고흥군 금산면 송광암 이순홍

4) 1931-02-02 조선총독부 관보 제1221호(昭和)

住持異動 / 彙報-宗敎

昭和5년 11월 24일 再任就職認可 全羅南道高興郡錦山面 松廣庵 金景鳳

　　주지이동 / 휘보 - 종교

　　소화 5년 11월 24일 재임 취직인가

　　전라남도 고흥군 금산면 송광암 김경봉

5) 1934-12-22 조선총독부 관보 제2386호(昭和)

住持異動 / 彙報-宗敎

昭和8년 11월 23일 任期滿了 全羅南道高興郡錦山面 松廣庵 金景鳳

昭和9년 9월 11일 再任就職認可　　同上　　　　　同　　　同

　　주지이동 / 휘보 - 종교

　　소화 8년 11월 23일 임기만료 전라남도 고흥군 금산면 송광암 김경봉

　　소화 9년 9월 11일 재임 취직인가

　　전라남도 고흥군 금산면 송광암 김경봉

6) 1937-12-16 조선총독부 관보 제3277호(昭和)

住持異動 / 彙報-宗敎

昭和12년 9월 10일 任期滿了 全羅南道高興郡錦山面 松廣庵 金景鳳

昭和12년 11월 5일 就職認可 全羅南道高興郡錦山面　　同　　李奉基

　　주지이동 / 휘보 - 종교

　　소화 12년 9월 10일 임기만료 전라남도 고흥군 금산면 송광암 김경봉

소화 12년 11월 5일 취직인가 전라남도 고흥군 금산면 송광암 이봉기

7) 1944-03-16 조선총독부 관보 제5133호(昭和)

住持異動 / 彙報-宗教

昭和18년 12월 12일 任期滿了 全羅南道高興郡錦山面 松廣庵 李宅正光

昭和19년 2월 23일 再任就職認可 全羅南道高興郡錦山面 同　　同

　　　주지이동 / 휘보 - 종교

　　　소화 18년 12월 12일 임기만료

　　　전라남도 고흥궁 금산면 송광암 이택정광

　　　소화 19년 2월 23일 재임 취직인가

　　　전라남도 고흥군 금산면 송광암 이택정광

9. 송광암 약사(1957년)

표지 松廣庵畧史[18]

1쪽 　　松廣庵畧史

概說

位置大韓民國全羅南道高興

郡錦山面於田里(龍頭山東下)

本松廣庵은距今七百五十餘年

前檀紀三千五百四十一年西紀一千二

百九年高麗二十代神宗三年

에海東佛日普照國師에依하여

初創되었다한다卽普照國師

號는知訥이오高麗十九代王明宗

朝에名僧이시다敎門의俗化됨

을慣然하야曹溪山(順天)에修禪

2쪽 社를設立하고獨特한一禪宗을

創開道場한有名한高麗板(大

藏經)刻成에校勘의役을擔任하였

으며其後인高麗二十代神宗三年에

本松廣庵을創建한것임

---

18 복사본 하단에 "2002.12.7. 송광암 주지 일선스님으로부터 원본 입수 및 사본 제작. 원본 반환 및 사본 원본대조 후 보관. 2002,12,7. 송광사 총무과장 김희철"이라 필서되어 있다.

其後第二,三次重創및本庵維持管
理에對하여는何等文跡이無한故로其
確實한事情은不知이오나乾隆十三年
戊辰年에이르러(檀紀四千八十年,西紀
一千七百四十八年)致粲長老에依하여四
次重創을보개되었고[19]乾隆三十六年
甲辰春에(檀紀四千六十三年,西紀一千

3쪽 七百九十六年)良益比丘에依하여五次重
創을보게되었고嘉慶十一年丙寅三月十二日
檀紀四千壹百參拾七年,西紀一千八百六年
또한良益比丘에依하여六次重創을보았
으므로氏功勞가他에比하여顯著하였시나
氏後不遠한時日에本庵棟樑이朽
破하여傾覆을免치못하는危境에到達
함으로不得已咸豊六年丙辰初八日에檀紀
四千百四十年西紀一千八百五十六年持殿證
天,來往奉寬,供養主理元에依하여修
葺한莊然後僧僞合漾下에勸文을作
成하야鳩財於千村萬家하야新明

4쪽 된重穀으로本庵을重營키로하였는
데方汭初酉坐卯向이不吉하다하여辛坐乙向
으로改定하여丙辰三月二十五日午時에定礎하

---

19 보게되었고

고四月初四日午時에立柱하였으며同月初八日酉時
에上梁하여七次重創을畢完하였고檀紀
四千二百八十六年,西紀一千九百五十四年度에
住持金圓光이八次重修次리로元材木을本
寺林에서伐採莊置하야事不成而轉居他
寺하고檀紀四千二百八十七年四月二十日,西紀一千
九百五十四年에住持崔鳳谷八次重創하여
現在에이르었다

　　　　庵格
本松廣庵은佛敎의最金盛期高
麗中葉頃에海東佛日普照國師修禪創

5쪽　開道場이바로曹溪山(順天松廣寺)이
며其後가바로直接本庵인바佛敎宗
團의興亡盛衰가決定的인段階에이른것도
末端本庵이라할수있으며名山古蹟인關係
上面內外信徒의信仰的인象徵이되고있다
史跡說明
本庵의重要한史跡을大畧說明하면
다음과같다
①松廣庵
此建物은檀紀三千五百四十一年(西紀一千二
百八年)에海東佛日普照國師께서初
創하였는바雄壯한木造建物로써孤島

6쪽　落島深山幽谷에如斯한建物이存立하

여있음으로보아果然其工藝의奇特
함을驚異않이할수없고本面의唯一한
古蹟이되기때문에信徒는勿論面民自他
가觀心의對象이되고있다
②法堂
本建物은松廣庵法堂으로서距今七
百五十餘年前에海東佛日普照
國師에의하야創建되였고其後松
廣庵重創時마다重修가있었으며特
히色다른것은檀紀四千二百九十年[20]四月
부터 檀紀四千二百九十一年[21]八月까지 本面 〃

7쪽   長姜溶太在職當時本法堂이 其間
風磨雨濕으로因하여破壞狀態를
不免한實情이든바當時住持崔鳳
谷으로부터의連絡도有하여本面에서는
面內唯一한古蹟이라하여別紙와如히
本法堂重修期成會를組織하고同會
費二十一萬圓整을面民에게賦課徵收
하여同面於田里居住李有順氏와請負
契約을締結下에丹靑改修로因하여
一新面目을이루어現在에至하고있다
그러대本法堂에는釋迦牟尼佛,觀世音

---

20 1957년 丁酉.
21 1958년 戊戌.

菩薩,大勢至菩薩,金佛,後佛

8쪽 幀華,[22]七星幀華,山神幀華,地藏幀
華,神衆幀華等各〃一尊式計九
尊佛을모시고있어每年四月初八日이되면
面內外信徒및其他男女가人山人海를
이루어本松廣庵의存在를盛況히
하고있다
別紙松廣庵法堂重修期成會規約
第一條本會는錦山面古蹟松廣庵法堂
重修期成會라 稱 함
第二條本會의事務所는錦山面事務所
構內에둔다
第三條本會는本面의唯一의古蹟으로서現

9쪽 在腐朽狀態에있는法堂의風磨雨濕
으로因하여破壞되여使用不能케된部分
의重修를目的으로함
第四條本會의會員은面民으로한다
第五條本會에第三條의目的을達成키爲
하여在의任員을둔다
會長　一人金永禹
副會長三人陳珍奇,南萬于,吳溶太
總務　一人朴鍾順

---

22 幀華는 幀畵의 誤記이다.

第六條本會의任員選任은幹事會에서
選任한다
　監事五人金鍾鳳, 金朝根, 黃致鎬

10쪽　　　　　　　朴鍾赫, 李玟炯
幹事三三人各里〃長
第七條本會의任員의任務는左에依한다
　會長은本會를代表하여會務를統
　轄한다
　副會長은會長를輔佐하며會長有
　故時에其任務를代理한다
　總務는會長의命을받아會務에當한다
　監事는事業內容의檢討重修個所의
　竣工後의檢査及定査에書한다
　幹事를各部落里長으로하되會長의
　命을받아各己其後에書한다

11쪽　第八條本會의財政은左의收入으로서
　充當한다
　一. 面民의贊助金으로充當한다
　二. 其他收入金으로充當한다
第九條本會의會議는任員會로하
　되任員會는會長이召集한다
第一0條事業目的完遂時는監事의
　監査한後決算表를作成하여任員
　總會이承認을얻어야한다

第十一本會는事業目的의完遂와同時
　解散한다
　　附則

12쪽 本會則은檀紀四千二百九十年二月十日부터施行한다[23]
③龍頭門
本龍頭門은松廣庵所屬建物인出入門
으로서來客으로하여금一見龍頭山을象
徵할수있아오며庵境內邪身亂入을防
止하는佛法擁護의門으로써本松廣庵과
共히建立하여重修되었으며特히本門은
文化財라稱하여本面敎育委員黃致
鎬氏가高興敎育區廳에強力히折衝하
여一金五百圓整의補助를得하여檀紀四
千二百九十年四月에重修하였으므로面民의
觀心과信徒의士氣를昻揚하고있음

13쪽 寫嘉慶十一年丙寅三月十二日松廣庵
　　六重創上樑文
國之南名山類年松廣庵即其一也自故傳
今海東佛日普照國師初創云而第五重
創上樑文中有曰終無年代文跡故未知
幾年之久處及乾隆十三年戊辰歲致贊
長老作名四重創云故從其文跡乃作五六

---

23 단기 4290년은 서기 1957년이다.

重修之記文贊張老神足良益比丘繼承
先師之本意已去甲辰春三月念七日五創
矣不過二十三年棟樑傾推將未免傾覆之
嘆故自擔勸軸竭心彈力鳩財於千村萬
家甲辰丙寅兩度重營此庵則其功猶

勝於先師之慷慨勢將用新而當此末
運松禁至嚴加之財補缺存完回舊成
功能事畢矣更增光彩龍神降福穀日是
差方舉數抱之樑敢陳六偉之頌兒郞偉
抱樑東方丈仙山在望中安得探來不死
藥獻吾主上壽穹崇西遙望蓮邦路
不遠奇語上中諸法侶歸依彼岸早板跡
南善友猶存五六丈夫如今再出百城姻水
一生參北望美人芳心不釋華封祝聖不過
三爭以吾王無量福上碧落無運天一樣日月
星辰常放吾人心事較誰長不除非公殿是
僧舍豈徒枛屨作生涯念佛看經課伏

願上樑之後彈風大振佛日長明一方地靈步
〃雪山忍草十象僧寶人〃滄海神珠長爲
一國之名藍永作千年之福地
　　　丙寅三月十二日
　　　順天府曹溪山松廣寺浮休後裔黙庵門人
　　　五雲子璡瑛謹誌
(寫) 咸豊六年丙辰四月初八日松廣庵七重創

上樑文

國之名山即此楓岳山〃之東下結構小庵名爲

松廣昔何年月佛日普照國師所占初創

云而第其二,三次重創則終無文跡〃可攷

故不知何歲之修理而至於乾隆十三年戊辰

16쪽 致贊長老四重修也甲辰春良益比丘五重

創也丙寅春良益比丘又爲六修理也迨于

今春棟梁朽破將來免傾覆之慮勢不得

已修葺然後乃已故僧俗合議持此勸文鳩財

村落重營此庵乃爲七重創也旣前酉坐卯

向不吉云故今以辛坐乙向安定此基丙辰三月

二十五日午時定礎四月初四日午時立柱同月八日

酉時上樑伏願地靈雪山忍草僧寶滄海

神珠長爲一國之名藍永作千年福地

　　丙辰四月八日

　　　張玉鉉謹書

成造都監兼化主 宣克模

17쪽

	都監	金秉珏		
	〃	吳俊弼		
	〃	朴福伊		
鳩財化主	張志鉉	木手秩		
〃	宣克訓	都片手	李元祚	
〃	張弼叙		吳啓得	
〃	金日旭	副片手	吳啓福	

		〃	李有芳		金先文
本房秩	持殿	澄天[24]			孔有贊
來往	奉寬			助力	權正大
供養主	理元				金周木
酒監	朴仁世	雪旭			申永文

18쪽　(寫) 檀紀四千二百八十七年甲午四月二十日松廣庵八
　　　　重創上樑文
　　　國之南龍頭山東下結構小庵名爲松廣海
　　　東佛日普照國師初創云第二,三重創終無
　　　文跡不知何歲之修理而至於乾隆十三年
　　　戊辰致贊長老四重修也甲辰春良益比丘
　　　五重創也丙寅春良益比丘又六重修也已而
　　　僧俗合議持此勸文鳩財村落重營此庵
　　　乃爲七重創也已過百年　棟樑傾覆之嘆
　　　故又爲八重創繼承先師之本意鑑其古
　　　代之文跡事半古人之人功必倍之矣後之人
　　　與我同志此庵不朽也伏願上樑後仙風大振

19쪽　爲骨俊與國泰海安迎客命嶋宥
　　　山擁琴地靈忍草丹靈芝僧寶神
　　　珠龍鮮龜背長爲一國之名藍永作
　　　萬世〃福地
　　　　甲午四月二十日

24　證天의　誤記로　보인다(崔).

委員長	金永禹	牛頭	
副委員長	金鍾胤	大興	
〃	金鍾炫	五泉	
財務	金元宅	洞村	
委員	尹玉信		
	金用水	蓮治	
	金永宅		
	宣圭相	大興	
	金學黙	〃	
	吳然玉	〃	
	宣仁珏	〃	

顧向 錦山面長	李淵浩	〃	
支署主任	曺左益		
面議會議長	李敏炯	新村	
國民會長	南萬于	錦津	
	魯義相	洞村	
	崔正云	錦津	

20쪽	都片手	李淂秀	高興 良里
	副木手	李四秀	〃
		李成淳	〃
	土手	李允岩	〃
	助力	朴良九	大興
		李達洙	良里
	刻字	崔東千	順天

송광암 약사

차례

1. 개설槪說

위치는 대한민국 전라남도 고흥군 금산면 어전리 용두산 동쪽 아래에 있습니다.

송광암은 지금으로부터 750여년 전, 단기 3541년, 서기 1209년[25] 고려 20대 신종 3년[26]에 해동불일 보조국사에 의하여 처음 창건되었습니다. 보조국사의 호는 지눌知訥이고, 고려 19대 명종 때의 유명한 스님이시다. 불교[教門][27]의 세속화됨에 분노하여 순천 조계산에 참선 수행 결사[修禪社]를

---

25 1209년은 熙宗5年 己巳이다.
26 신종 3년은 1200년이다.
27 '생사 해탈의 도에 들어가는 문'이라는 뜻으로 부처님의 가르침을 말한다.

설립하고 독특한 선종을 창립하는 도량을 열어 유명한 고려대장경 만들 때 내용을 비교하는 교감의 일을 책임을 맡았습니다. 그 후 고려 20대 신종 3년에 송광암을 창건하였습니다.

그 후 제2차, 3차 중창과 본암本庵의 유지관리에 대해서는 아무런 문헌이 없는 까닭으로 그 확실한 사정은 알지 못합니다. 건륭 13년 무진(단기 4613년, 서기 1748년)에 치찬致粲 장로에 의해서 4차 중창을 하였습니다. 건륭 36년 갑진년(단기 4613년, 서기 1796년)[28] 봄에 양익良益 비구에 의해 5차 중창을 하였고, 가경 11년 병인(단기 4137년, 서기 1806년) 3월 12일에 양익 비구에 의해 6차 중창을 하였습니다. 양익良益 비구의 공로가 다른 사람에 비하여 현저하게 두드러졌습니다. 양익 스님 이후 얼마 지나지 않은 기간에 암자의 마룻대와 들보가 썩어서 부러지고 법당이 기울어 무너지기 직전의 위험한 지경에 이르렀습니다.

부득이 함풍 6년 병진(단기 4140년, 서기 1856년) 초 8일에 지전持殿 증천證天, 내왕 봉관奉寬, 공양주 이원理元에 의해 법당을 고치고 지붕을 새로 이었습니다. 그런 후에 스님들이 화합하고 물처럼 자연스럽게 모여서 권선문을 작성하였습니다. 수많은 마을과 집들을 다니며 재물을 모으고 이듬해 새롭게 거듭 받은 곡식으로 본 암을 거듭 경영키로 하였습니다. 바야흐로 아득한 처음 지을 때는 서쪽에 앉아서 동쪽을 바라보는 것[酉坐卯向]이 불길하다고 하여 서북쪽에 앉아서 동남방을 바라보는 것[辛坐乙向]으로 다시 정하였습니다. 병진년 3월 25일 오시에 주춧돌을 놓고, 4월 4일 오시에 기둥을 세우고, 8일 유시에 상량하여 7차 중창을 완전히 마쳤습니다.

서기 1954년(단기 4287년)에 주지 김원광 스님이 8차 중수차 쓸 목재를 암자의 숲[寺刹林]에서 벌채하여 엄정하게 보관하였는데 일을 이루지 못하고 다른 절로 옮겨가서 살게 되었습니다. 서기 1954년(단기 4287년) 4월 20

---

28 乾隆36年 辛卯로 1771年, 甲辰은 乾隆49年으로 1784年이다.

일에 주지 최봉곡 스님이 8차 중창하여 현재에 이르렀습니다.

2. 송광암의 위상

송광암은 불교의 최고 전성기인 고려 중기 경에 해동불일 보조국사가 참선을 닦기 위해 개창한 도량이 바로 순천 조계산 송광사이며 그 후 직접 송광암을 창건하셨습니다. 불교종단의 흥망성쇠의 결정적인 단계에 이른 것도 말단의 본암이라 할 수 있습니다. 유명한 산의 옛 문화를 보여주는 건물이 있는 관계로 면과 내외 신도들의 신앙적인 상징이 되고 있습니다.

3. 송광암의 사적

송광암의 중요한 사적을 설명하면 다음과 같습니다.

① 송광암
송광암의 건물은 서기 1208년[29](단기 3541년)에 해동불일 보조국사께서 처음 창건하였습니다. 웅장한 목조건물로 육지에서 떨어진 외딴섬[島, 落島]의 깊숙하고 고요한 산과 골짜기[深山幽谷]에 이러한 건물이 세워져 있는 것으로 볼 때 과연 그 공예의 특별함은 놀랍고 신기한 일입니다. 본 면의 유일한 옛 문화를 보여주는 건물[古蹟]이기 때문에 관심의 대상이 되고 있습니다.

② 법당
송광암의 법당은 지금으로부터 750여 년 전에 해동불일 보조국사가 창건하였습니다. 그 후 송광암 중창 때마다 거듭되는 중수가 있었습니다. 특

---

29 앞에서는 1209년으로 나온다.

별히 색다른 것은 단기 4290년 4월부터 단기 4291년 8월까지 본 면의 면장 강용태 재직 당시 본 법당이 그간 비바람으로 인하여 파괴상태를 면할 길이 없는 실정이었습니다. 당시 주지 최봉곡 스님으로부터 연락도 있어서 본 면에서는 면내의 유일한 고적이라 별지와 같이 송광암 '법당 중수 기성회'를 조직하였습니다. '법당 중수 기성회비'를 모은 '21만 원정'을 면민에게 부과하고 징수하여 금산면 어전리에 거주하는 이유순 씨와 청부계약을 체결하고 단청을 새로 하여 면목을 새롭게 하여 현재에 이르고 있습니다.

법당에는 석가모니불, 관세음보살, 대세지보살, 금불, 후불탱화, 칠성탱화, 산신탱화, 지장탱화, 신중탱화 등 모두 9존불을 모시고 있습니다. 매년 4월 8일이 되면 면 내외의 신도 및 기타 남녀가 인산인해를 이루어 송광암의 존재를 성대하게 빛내고 있습니다.

별지 송광암 법당 중수 기성회 규약

제1조 본회는 금산면 고적 송광암 법당 중수 기성회라 칭한다.
제2조 본회의 사무소는 금산면 사무소 구내에 둔다.
제3조 본회는 본 면의 유일한 고적으로서 현재 썩고 무너진 상태에 있는
　　　법당의 비바람으로 인해 파괴되어 사용이 어렵게 된 부분의 중수
　　　를 목적으로 한다.
제4조 본회의 회원은 면민으로 한다.
제5조 본회의 제3조의 목적을 달성하기 위하여 필요한 임원을 둔다.

　회장: 1인 김영우
　부회장: 3인 진진기, 남만우, 오용태
　총무: 1인 박종순

제6조 본회의 임원 선임은 간사회에서 선임한다.

　감사: 5인 김종봉, 김조근, 황치호, 박종혁, 이민형
　간사: 33인 각 리의 이장
제7조 본회의 임원의 임무는 아래에 의한다.

　회장은 본회를 대표하여 회의 업무를 모두 거느려서 관할한다.
　부회장은 회장을 보좌하며 회장 유고시에 그 임무를 대리한다.
　총무는 회장의 명을 받아 회의 업무를 담당한다.
　감사는 사업내용의 중수하는 낱낱의 곳[個所]을 검토하고, 준공 후의 검
　사 및 정사에 서명한다.
　간사는 각 부락의 이장으로 하되 회장의 명을 받아 각기 그 후에 서명
　한다.

제8조 본회의 재정은 아래의 수입으로 충당한다.
　1) 면민의 찬조금으로 충당한다.
　2) 기타의 수익금으로 충당한다.

제9조 본회의 의회는 임원회로 하되 회장이 소집한다.
제10조 사업 목적 완수 시에는 감사가 감사한 후 결산표를 작성하여 임원
　　　총회의 승인을 받아야 한다.
제11조 본회는 사업 목적의 완수와 동시에 해산한다.

　부칙
본 회칙은 단기 4290년 2월 10일부터 시행한다.

③ 용두문

용두문은 송광암 건물인 출입문으로서 찾아오는 손님이 용두문을 한번 보면 상징할 수 있습니다. 경내의 삿된 몸의 난입을 방지하는 불법 옹호의 문으로서 송광암과 같이 건립하고 중수되었습니다. 특히 용두문은 문화재라 말하여 금산면의 교육위원 황치호 씨가 고흥교육구청에 강력히 절충하여 5백 원정의 보조를 받아서 단기 4290년 4월에 중수하였고, 면민의 관심과 신도의 사기를 드높이고 북돋우고 있습니다.

④ 6중창 상량문(필사)
가경 11년 병인 3월 12일 6중창 상량문

나라의 남쪽에 유명한 산 종류로 이름난 송광암이 그 하나입니다. 예부터 지금까지 전해지는 해동불일 보조국사가 처음 창건하였다고 말합니다. 제5중창 상량문에서 마침 연대가 없는 문서가 있었는데, 알지 못한 채 세월이 오래 흘렀습니다. 1748년에 치찬 장로가 4중창의 명을 지으면서 말하였습니다. 옛날부터 내려온 그 문서에 근거해서 다섯 번째 중수와 여섯 번째 중수한 기문을 지었습니다. 치찬 장로의 정신과 실천을 양익 비구가 계승해서 먼저 가신 스승의 본래의 뜻을 따랐습니다. 1784년 봄 3월 27일 5중창을 하였습니다. 그런데 불과 23년 만에 대들보가 무너져 기울어 장차 그 무너지고 엎어짐을 면하지 못하게 됨을 탄식하였습니다.

스스로 솔선수범하여 권선문의 두루마리를 옷 속에 넣고 마음을 다해 움직여서 천 마을 만 집을 다니며 재물을 모았습니다. 갑진년과 병인년 동안에 거듭 불사를 하였습니다. 이 암자를 위한 그의 공덕은 오히려 그 스승보다 훌륭하였습니다. 스님의 의리에 대한 마음이 넘쳐서 받드니 이 절의 말년 운이 새롭게 되었습니다. 소나무 베는 것을 매우 엄하게 금지하여 사찰의 재물을 더욱 불리고 보호하였습니다. 이지러지고 없어진 것을 완벽하게 되돌려 놓았습니다. 옛날처럼 이루어 놓고 일을 마쳤습니다. 다시 단청을 더 해서 빛나게 하니 용과 신들이 복을 내렸습니다. 음력 정월 8일 날을 정해 바야흐로 여러 개의 들보를 안고 올렸습니다. 감히 여섯 위[30]를 베푸는 노래를 부릅니다.

어영차! 들보를 동쪽으로 올려라.
방장산 신선이 산속에 있으니, 어찌 불사약을 캐오지 못하랴.
우리 임금께 올려서 수명이 하늘같이 높기를 기원하네.

서방의 극락에 가서 소요하기를 바라면 길은 멀지 않고
기이한 법문 듣고 상하의 여러 도반들과 함께 귀의하네.

일찍 피안의 현판에 공적을 올린 남선부주의 좋은 벗들,
가히 5·6명의 장부들이 지금처럼 다시 세상을 벗어났다네.

수많은 세상 고해의 인연으로 일생을 살았고
미인들을 바라서 북(애욕의 바다)의 일에 참석했네.

무성한 번뇌의 마음은 풀지 못해도
화봉[31] 노래와 음악으로 임금을 축수하네.
세 가지를 다 연주하기도 전에
우리 왕께서 복이 한량없기를 바라네.

---

30 六偉 : 六偉歌의 줄임말. 상량문을 달리 이르는 말. 위자가 여섯 번 들어 있어 붙여진 이름.
31 악곡 이름. 조선 고종 때 당악정재의 하나인 포구락을 출 때 연주하던 향당교주에 임시로 지어 붙인 이름. 임금의 장수를 위한 노래이다.

푸른 하늘 위의 무운천³²엔 한결같이 일월은 항상 빛나고
우리 인간이 하는 일마다 비교하는 마음은

누가 영원히 제거하지 못하겠는가.
부처님 궁전은 스님의 집이 아닌데
어찌 스님들이 일생을 염불과 간경을 공부하지 않겠는가.

엎드려 발원합니다.
상량한 후에 선풍을 크게 떨치고,
불법은 영원히 빛나고,
한 지방 땅의 신들은 걸음걸음 부처님께 오시고,
고행을 코끼리처럼 인내하셔서 승보인 사람마다
푸른 바다 신의 여의주로
영원히 한 나라의 이름난 가람을 지었습니다.
영원한 천년의 복지에 지었습니다.

병인년 3월 12일
순천부 조계산 송광사 부휴후예 묵암문인
오운자 관영 삼가 지음

⑤ 7중창 상량문(필사)
함풍 6년 병진 4월 8일 송광암 7중창 상량문을 씁니다.

---

32 色界 : 네 가지 禪定을 닦는 사람이 태어나는 色界의 네 가지 하늘. 곧 初禪天,
二禪天, 三禪天, 四禪天을 이르는 말이다.

나라의 유명한 산은 곧 이 풍악산입니다. 산의 동쪽 아래에 작은 암자를 지었는데 송광암입니다. 옛날 어느 해에 불일 보조 국사가 자리를 잡고 처음 창건하였습니다. 그 제2차, 제3차의 중창은 끝내 문서가 없습니다. 문서가 없으니 생각해도 알 수가 없습니다. 어느 해에 수리했는가. 건륭 13년 무진에 치찬 장로가 네 번째 중수하였습니다. 갑진년 봄에 양익 비구가 다섯 번째 중창하였습니다. 병인년 봄에 양익 비구가 또 여섯 번째 수리하였습니다. 올해 봄에 와서 마룻보와 대들보가 썩고 부러져서 앞으로 기울고 쓰러질 것이 우려되는 상황이라서 부득이 수리를 하였습니다. 그런 후에 스님과 신도들이 합의해서 권선문을 가지고 다니며 촌락을 다니며 재물을 모아서 거듭 경영을 하여 이 암자를 일곱 번째 중창하였습니다.

이전에는 서쪽을 등지고 앉아서 동쪽을 보았는데[酉坐卯向] 불길하다고 말하였습니다. 그래서 이번에는 서남쪽을 등지고 앉아서 동북쪽을 보게[辛坐乙向] 안전하게 정하였습니다. 이 터에 병진년 3월 25일 오시에 초석을 놓고 4월 4일 오시에 기둥을 세우고 4월 8일 유시에 상량을 하였습니다.

엎드려 발원합니다.
부처님 설산의 지신들은
승보를 인내하고 모시고
푸른 바다의 신비한 여의주를
한나라의 유명한 가람에 오래도록 모셔서
영원한 천년의 복지에 지었습니다.

병진년 4월 8일 장옥현 삼가 씁니다.

성조 도감 겸 화주: 선극모

도감: 김병각, 오준필, 박복이
구재화주: 장지현, 선극훈, 장필서, 김일욱, 이유방
본방질
지전: 증천
내왕: 봉관
공양주: 이원
주감: 박인세, 설욱
목수질
도편수: 이원조, 오계득
부편수: 오계득, 김선문, 공유찬
조력: 권정대, 김주목, 신영문

⑥ 8중창 상량문(필사)
단기 4287년 갑오 4월 20일 송광암 8중창 상량문

나라의 남쪽 용두산 동쪽 아래에 작은 암자를 지었는데 이름은 송광입니다. 해동의 불일 보조 국사가 처음 창건하였습니다. 제2, 제3의 중창은 문헌이 없어서 어느 해에 수리했는지 도저히 알 수 없습니다. 건륭 13년 무진에 치찬 장로가 4차 중창을 하였습니다. 갑진년 봄에 양익 비구가 5차 중창을 하였습니다. 병인년 봄에 양익 비구가 또 6차 중수를 하였습니다. 그리고 스님과 신도들이 합의해서 권선문을 가지고 수많은 마을과 집들을 돌며 재물을 모아서 거듭 경영을 하여 이 암자를 7차 중창을 하였습니다. 백 년이 지나자 마룻보와 들보가 내려앉고 기울어서 쓰러지기 직전이 된 것을 탄식하였습니다. 또 8차 중창을 위해서 스승의 근본 뜻을 계승하고 그 고대古代의 문헌을 거울삼아서 노력은 적게 들어도 옛사람의 공적은 반드시 그 배[事半功倍]가 됩니다. 다시 말하면 사람과 우리 동지들이

이 암자를 무너지지 않게 하였습니다.

엎드려 발원합니다.

상량한 후에는 신선의 풍채[仙風]를 크게 떨치고
도인의 골격[道骨]으로 다시 부흥하소서.
나라가 태평하고 바다도 평안하게 하소서.
섬으로 찾아오는 손님들의 생명을 너그럽게 살펴주소서.
산은 호위하면서 거문고를 타고,
땅의 신령은 깊은 뿌리가 있다.
붉은 영지는 승보[僧寶]이고
신비한 여의주와 아름다운 용맥은 거북의 등을 타고
길이 한나라의 유명한 가람을 이루었으니
영원한 만세의 복된 땅이로다.

갑오년 4월 20일

위원장: 김영우 우두
부위원장: 김종윤 대흥
부위원장: 김종현 오천
재무: 김원택 동촌
위원: 윤옥신 동촌
　　　김용수 연치
　　　김영택 동촌
　　　선규상 대흥
　　　김학묵 대흥

오연옥 대흥

선인각 대흥

고문: 금산면장 이연호 대흥

지서주임 조좌익 대흥

면의회의장 이민형 신촌

국민회장 남만우 금진

노의상 동촌

최정운 금진

도편수: 이득수 고흥 양리

부목수: 이사수 고흥 양리

토수: 이성순 고흥 양리

조력: 이윤암 고흥 양리

박양구 대흥

이달수 양리

각자: 최재천 순천

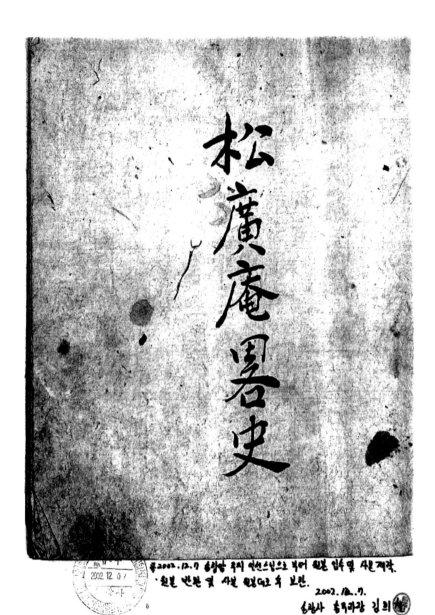

松廣庵署史

2002. 12. 07

본2002.12.7 송광사 주지 현봉스님으로 부터 원본 입수 및 사본 제작.
· 원본 반환 및 사본 원본대로 후 보관.

2002. 12. 7.
송광사 총무과장 김희(印)

社를 設立하고 獨特한 一禪宗을 創開道場히 有名한 高麗校(大藏經)을 刊成에 校勘이 役을 擔任하였으며 其後인 高麗 第二十代 神宗三年에 本松廣庵을 創建하였던 것임

其後 第三三次 重創故 本庵 維持管理에 對하여는 何等 文跡이 無하故로 其 確實한 事情을 不知이나 乾隆十三年 戊辰年에 이르러(檀紀四十八年、西紀一千七百四十八年)致榮長老에 依하여 四次 重創을 보게되고 乾隆三十六年 甲辰春에(檀紀四千六十三年、西紀一千

원본대조필

②

概說

位置 大韓民國 全羅南道 高興
郡 錦山面 於田里 (龍頭山 東下)
本 松廣庵은 距今 七百五十餘年
前 檀紀 三千五百四十一年 西紀 一千二
百九年 高麗 二十代 神宗 三年
에 海東佛日 普照國師에 依하여
初創이 됐卜한다 卽 普照國師
號는 知訥이오 高麗 十九代王 明宗
朝에 名僧이시다 敎門이 俗化됨
을 憤然히 卜아 曹溪山 (順天) 에 修禪

①

원본대조필

④　　　4

원본대조필

③

落島深山幽谷에 如斯한 建物이 存立하
며 있음으로 里外 果然 其 工藝의 奇特
함을 驚異않이할수 없고 未啻이 唯一한
古蹟이 되기때문 是에 信徒之勿論而民自他
外觀心이 對象이 되고 있다

四 法堂

本 建物은 松廣庵 法堂으로서 題호 七
百五十餘年前에 海東佛日普照
國師에 依하야 創建되었고 其後 松
廣庵 重創時에 따라 重修가 있었며 特
히 包아른 것은 檀紀四千二百九十年四月
부터 檀紀四千二百九十五年八月까지 本庵는

⑥

남도장이 바로 曹溪山 順天 松廣寺 이
며 其後 水바로 直接 本庵은 바 佛教宗
團이 興亡盛衰가 不決定的인 段階에 이르렀고
末端 本庵이 建立었으며 名山 古蹟인 關係
上面의 外信徒의 信仰的인 象徵이 되고 있다

史蹟說明

本庵이 重要한 史蹟을 大畧 說明하면
마음과 같다

④ 松廣庵
此建物은 檀紀 三千五百里 一年 (西紀 一千二
百八年) 에 海東佛日普照國師께서 初
創開하신바 雄非한 木造建物로써 孤島

愼筆、七星愼筆、山神愼筆、地藏愼
筆、神藏愼筆、等各은一筆式計九
筆佛을모시고 있어 每年四月初八日이되면
面內外信徒밎其他男女外人山人海를
이루어 本松廣庵이存在를盛況이나

고있다

別紙松廣庵法堂重修期成會規約

第一條 木會를錦山面古蹟松廣庵法堂
重修期成會외稱함

第二條 木會의重要事務所는錦山面事務所
構內에둔다

第三條 本會를木面이唯一의古蹟으로서 現

원본대조필

8

⑧

最美游太在職當時本法堂이其間

風磨雨濕으로困하여破壞狀態로

不免한實情이믄바當時住持崔鳳

谷으로旦러의連絡도有하여

爾內唯一한古蹟이라하여別紙와如히

本法堂重修期成會를組織하고同會

費三千萬圓豫算을兩民에게賦課徵收

하야同面松田里居住李有順氏外請負

契約을締結下에丹青改修로因하여

一新面目을이루어現在에至하고있다

그러매本法堂에는釋迦牟尼佛觀世

音菩薩大勢至菩薩金佛後佛

원본대조필

⑦

幹事 朴鍾赫 李玟炯

第七條 末會三三人 各里之長

幹事는 本會의 任員이 任務을 左에 依하外

會長은 本會을 代表하며 會務을 統
轄하外

副會長은 會長을 輔佐하며 會長有
故時에 其任務을 處理하外

總務은 會長의 命을 밧어 本會事務에 當하外

監事는 事業內容의 檢討重修個新이
竣工後에 檢查及契書에 當하外

幹事는 各部諸里長으로 하引會長의
命을 밧어서 其所에 當하外

원분대조필

⑩

在腐朽狀態에 있은 法堂의 風磨雨濕

으로 因하여 破壞되어 使用不能케 된 部分

의 重修를 目的으로 함

第四條 本會의 會員은 面民으로 함

第五條 本會의 第三條의 目的을 達成하기

위하여 左의 任員을 둔다

會長 一人 金永鳥

副會長 一人 陳珍甸, 南萬于, 吳澄太

總務 一人 朴鍾順

第六條 本會의 任員選任은 幹事會에서

選任토록 한다

監事 五人 金鍾鳳, 金朝根, 黃玟衞

本會則은 檀紀四千二百九十年二月十日부터 施行하다

③ 龍頭門

本龍頭門은 松廣庵所屬建物이며 出入門
으로서 來客으로 하여금 一見龍頭山을 多数
徵望할수있으며 庵境内 邪身亂入을 防
止하는 佛法擁護의門으로서 本松廣庵과
共히 建立하여 重修되어 있으며 特히 本門은
文化財로稱하여 本高興教育委員會致
鎬氏가 高興教育區廳에 强力히 折衝하
여 一金五萬圜整으로 補助를得하여 檀紀四
千二百九十年四月에 重修하였으며 面民의
観心外信徒의 士氣를 昂揚하고있음

⑫

第八條 本會의 財政은 左의 收入으로써
充當한다

一. 面民의 補助金으로 充當한다

二. 其他收入金으로 充當한다

第九條 本會의 會議는 任員會長이 召集한다
引 任員會長은 會長의 外

第一○條 事業目的의 完遂時之 監事의 任員
監査을 後 決算表을 作成하야 任員
總會의 承認을 받어야 한다

第十一條 本會之 事業目的의 完遂와 同時
解散한다

附則

원본대조필

//

⑪

勝於先師之懷慨 勢將用新而當此末
運松禁至嚴加至之財神缺存完同舊成
功能事華実更增光彩龍神降福穀目是
差方舉數抱之樑敢陳六偉之頌皃郎偉
抱樑東方文公山在望中安得採來不死
藥獻吾主上壽時写崇兩途望道邪路
不迷寄語山中諸法偈歸依彼岸早板跡
南善友猶存五文丈夫如今再出世百城烟水
一生亦北望美人兮心不釋華封祝聖不過
三年似吾王無量福上碧落無運天一樣日月
星辰帝放吾人心事較誰長不除非公厥是
僧舍堂徒棚倭作生涯念佛看經為課伏

원본대조필

⑭

六重剏上樑文

원본대조필

㊂ 嘉慶十一年丙寅春三月十一日松廣庵

國之南名山類多松廣庵即其一也自故傳

今海東佛曰普照國師初剏云而第五重

剏上樑文中有曰終無年代文蹟故未知

幾年之人遷及乾隆十三年戊辰歲致賀

長老作名四重剏云故從其文蹟乃作五六

重修之記文賀長老神足長益比丘繼承

先師之本意己去甲辰春三月念七日五剏（乙）

笑不過二十三年棟樑傾推作未免傾覆之

嘆放自擔勸軸竭忠殫力鳩財於千村萬

家甲辰丙寅兩度重營此庵則其功猶

致殼長老四重修也甲辰春良益比丘五重
創也丙寅春良益比丘又為六修理也迨于
今春棟樑已改將未免傾覆之虞勢不得
已修葺然後乃已故僧俗合議持此勸文鳩財
村落重營此庵乃為七重創也既前酉呻卯
向不吉云故今以辛坐乙向定此基丙辰三月
二十五日午時定礎四月初四日午時立柱同月八日
酉時上樑伏頗地靈雷山忍草僧寶滄海
神珠長為一國之名監永作千年福地

丙辰四月八日

張玉鉉　謹書

咸造都監兼化主　宣克模

⑯

願上樑之後彈風大振佛日長明一方地靈步

之雪山忍首十十萬家僧寶其人之滄海神珠長焉

一國之名藍永作千年之福地

丙寅三月十二日

順天府雷溪山松廣寺浮休後裔默庵門人

五雲子瓘瑛謹誌

咸豐六年丙辰四月初旬松廣庵七重創

上樑文

國之名山即此楓岳山之東下結構小庵名為

松廣昔有何年月佛日普照國師所占初創

云而第其二三次重創則終無文蹟可攷

故不知何歲之修理而至於乾隆十三年戊辰

⑯

원본대조필

檀紀二百十七年甲午四月二十日松廣庵八

重創上樑文

國之南龍頭嵩下結構小庵名為松廣海

東佛日普照國師初創云第三重創終無

文跡不知何歲之修理而至於乾隆十三年

戊辰致賀長老四重修也甲辰春良益此丘

五重創也丙寅春良益此丘又六重修也己而

僧俗合謀捨此賌文鳩財村落重興此庵

乃為七重創也己過百年棟樑傾覆之嘆

技又為八重創繼承先師之本意鑑其吉

代之文跡事半古之久功必信之矣後之人

與我同志此庵不朽世伏願上樑後仙風大振

인 분 대 조 필

都監

鳩財化主 〃 〃 〃

張志鉉　都片手　李元祚
宣克訓
張弼叙　副片手
金日旭
李有芳　助

金秉珏
吳弼伊
朴福伊　木手秩　李元祚　吳啓得

本房秩　持殿　澄天
來往　奉寬　元
供養主　理元
酒監　朴仁世　雪旭

李有芳
金日旭
張弼叙

權正大　孔有賢　金先文
申永文　金周水　吳啓福

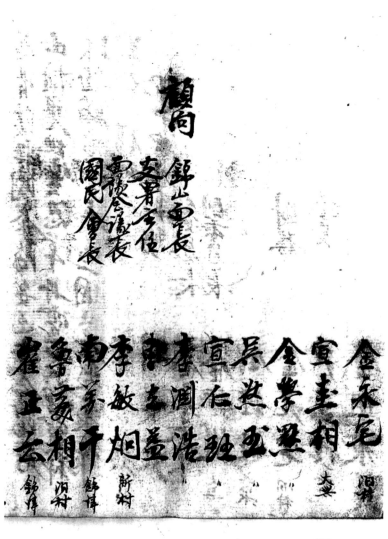

屍骨後興國慈海妄逐客命嗚呼
山擁翠地靈忍草丹靈芝佳寶神
珠龍鮪龜背長爲一國之君惟永作
萬姓之福地
甲子四月二十日

委員長
副委員長
財務
委員

金永秀　牛頭
金鍾胤　大眞
金鍾焕　立衆
金元宅　洞村
尸玉信
金佃永　蓮潭

인본대조평

⑲

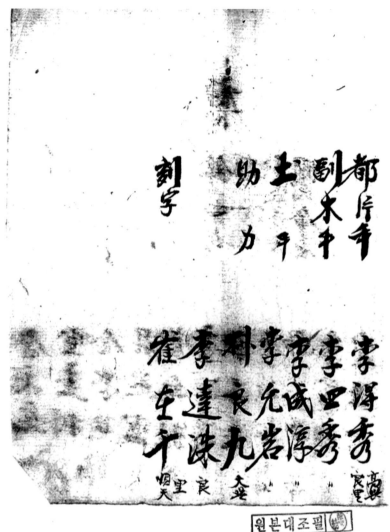

都片手
副木手
土手
助力
割字

李浮秀高里
李四秀
李成浮巖
朝良九金
李允巖
崔左千唄天
李達淶里

원본대조필

㉑

10. 송광암 구창 기적비(1990년)

前面　松廣菴九創紀蹟碑

後面　高興松廣菴住持梵谷和尙圓空屬其所摯濟山上人宗成致言于余曰菴旣九創工告
訖可以勒石紀績敢
以銘乞攷厥古書記則在高麗神宗庚申海東佛日普照國師初創之其二三創則事無
傳焉自五迄七則廢
興無常屑遺文記玆不覼縷焉蓋自初創以來凡經七次重創而僻在孤島力殘宇窄財
修而旋蕪勢固然也
梵谷和尙圓空乃發願鳩忱恢厥舊制新貌斯歸自徃歲丁卯起工越三載而告訖法堂
三間改金而安釋迦
牟尼佛觀世音大勢至二菩薩改修後佛地藏神衆七星山神等幀畵枕月堂三間爲孤
修宴居之所寂照菴
三間爲禪德加行之處寮舍六間爲大衆會鍊之堂曰靑雲諸宇丹靑極其燦然道路規
劃洞開豁然設辨者
尹泳州曁其母大願行金氏喜捨鉅貲蓋厥功德永垂無涯云銘曰
自古崇釋蔚成叢林高山浚谷森列珍琳維玆松廣孤島歸臨麗代普師肇放梵音佛日
遍照世塵不侵地僻
宇窄寒鍾隨沈八創而蕪曠千斯今圓空見之大發願心設辨者尹爰曁母金乃九其創
磬厥精忱菴恢舊制
諸佛莊嚴三宇暢啓模亦不纖衆徒來集善女善男雕此銘詩永曜伽藍
佛紀二千五百三十四年庚午　　　　　文學博士　眞城　李家源　撰
　　　　　　　　　　　　　　　　　　長興　高光烈　書

側面　住　持　梵谷圓空

　　　都　監　宗法　玄鋒

　　　供養主　林英蘭氏　金寶禮

　　　設辦者　金大願行

　　　　　　　尹泳州

　　　化　主　廉龍煥

송광암 9창 기적비

　고흥 송광암 주지 범곡 화상 원공 스님이 그곳에 속한 지제산 상인 종성 스님을 보내 나에게 말하였다. 송광암을 9차 중창의 공사를 이미 마쳤다고 말하고, 이런 사실의 줄거리를 엮어서 감히 돌에 새기려고 합니다. 그 옛날의 문서 기록을 살펴보고 명을 지어달라고 하였다. 고려 신종 경신년(1200)에 해동의 불일 보조 국사께서 송광암을 처음 창건하였다. 그 후 2차와 3차 중창은 사실을 전하는 기록이 전혀 없다. 5차에서부터 7차에 이르기까지의 잘되어 흥하고 못되어 망하는 무상한 세월 동안의 문헌 기록들이 약간 남아 전하지만 말이 좀 수다스럽고 자세하지 않다. 외따로 뚝 떨어져 있는 궁벽한 땅의 외로운 섬인데 다가 힘은 모자라고, 집은 비좁고 곤궁하고, 수리할 재물도 없는 어려운 형편은 본래부터 그러하였다.

　범곡 화상 원공 스님이 곧바로 발원하여 정성스럽게 널리 재물을 모아서 그 옛 제도의 모양을 새롭게 하였다. 이 가파르고 험준한 곳에 스스로 와서 정묘년(1987)에 기공을 한 지 3년을 넘어서 법당을 수리하여 마쳤다. 석가모니불, 관세음보살, 대세지보살을 보수하고 개금하여 봉안하였다. 후불탱, 지장탱화, 신중탱화, 칠성탱화, 산신탱화 등을 봉안하였다. 침월당 3칸은 홀로 수행하는 곳이고, 적조암 3칸은 선덕禪德이 수행 정진하는 곳이다. 요사채 6칸은 대중들이 모여 수련하는 곳으로 청운당이라 하였

134 文獻 속 고흥 송광암

다. 여러 집들을 단청하니 그 찬연함이 지극히 아름답다. 도로를 꾀하여 새로 정리規劃하니 들어오는 길이 뻥 뚫려 시원해 졌다. 도로 설판자는 윤영주와 그의 모친 김대원행이 큰 재물을 희사하였다. 모두 그 공덕을 영원히 누림에 걸림이 없기를 바란다. 명을 지어 말한다.

예부터 부처님을 숭상하여 울창한 총림을 이루었고
높은 산 계곡의 언덕에 촘촘히 아름다운 옥구슬 같은 절들.
오직 이 송광암은 외로운 섬의 험준한 곳에 있는데
고려의 보조 국사가 불교의 광명을 놓았도다.

부처님의 광명이 널리 비추어 세상의 더러움이 침범하지 못하고, 궁벽한 땅에 집은 비좁아도 차가운 종소리에 여덟 번 번성한 것도 빛이 바랬다. 이제 천 년의 밝은 광명이 없어진 곳을 지금의 원공 스님이 보고 큰 원력의 마음을 일으켰다. 설판자 윤영주와 그의 어머니 김대원행과 함께 9차 중창을 하였다. 그 지극한 정성으로 암자의 모든 옛 제도를 없애고 새롭게 하였다. 여러 부처님을 장엄한 세 집은 모두 시야가 열려서 화창하고 시원하다. 또 신도들이나 선녀 선남들이 와서 모여도 건물이 약하지 않다. 명과 시를 이렇게 지었으니, 가람이 영원히 빛나리라.

불기 2534년 경오⁽¹⁹⁹⁰⁾ 문학박사 진성 이가원 찬
장흥 고광열 서

주지: 범곡 원공
도감: 종법 현봉
공양주: 임영란, 김보례
설판자: 김대원행, 윤영주
화주: 염용환

松廣菴九創紀蹟碑

11. 송광암의 불교문화재(2023년 현재)

1) 아미타여래좌상阿彌陀如來坐像(本尊)

1680년, 나무, 상높이 66.5 무릎폭 46.7, 1구, 극락전

2) 관음보살좌상觀音菩薩坐像(左)

1709년, 나무, 상높이 47.5 무릎폭 32, 1구, 극락전

3) 대세지보살좌상大勢至菩薩坐像(右)

1726년, 나무, 상높이 50.5 무릎폭 30.5, 1구, 극락전

4) 송광암松廣庵 편액扁額

조선후기, 나무, 31.9×96, 1점, 요사

상단
십이세十一歲

하단
무새無海
장종기인張鍾琪印

송광암 편액 ⓒ최선일

참고문헌

■ 문헌자료

『각사등록』(1903년 3월 9일, 1904년 3월).

「고흥 송광암 재산대장」(1910년대, 국립중앙박물관 소장).

금명보정, 「고흥군금산면풍악산송광암중수급개금기문」, 1930년경.

금명보정, 「고흥군금산면풍악산송광암중수기」, 1930년경.

「사찰고 - 송광사」(1909년, 국립중앙박물관 소장).

「송광암 귀중품」(1933년 4월 20일, 조선총독부 관보).

「송광암약사」(1954년).

「송광암육중창상량문」(1806년 3월).

「송광암중수기」(1857년 5월).

「송광암칠중창상량문」(1856년 4월).

「조선총독부 관보」

■ 단행본

김상영 外, 『전통사찰총서 6 - 전남의 전통사찰 I』, 사찰문화연구원, 1996.

최선일, 『조선후기 불교조각 발원문 선집』 3, 양사재, 2018.

최선일, 『조선후기승장인명사전 - 佛敎彫塑』, 양사재, 2007.

최선일, 『조선후기 조각승과 불상 연구』, 경인문화사, 2011.

■ 논문

오진희, 「조각승 하천(夏天)의 불상조각 연구」, 『강좌미술사』 34. 2010.

최선일, 「김천 대휴사 목조보살좌상의 제작 시기와 조각승 연구」, 『文物研究』 27, 2015.

■ 사이트

한국고전번역원(http://itkc.or.kr).

편자

· 최 선 일

  홍익대학교 대학원 미술사학과 졸업(文學博士)

  동북아불교미술연구소 소장

· 고경 스님

  송광사 성보박물관 관장

역자

· 도해 스님

  동국대학교 대학원 선학과 박사과정 수료

  여수 달마사 주지

  동국대학교 WISE캠퍼스 출강

문헌 속 고흥 송광암

초판 1쇄 발행   2024년 5월 6일

펴낸이   신학태
펴낸곳   도서출판 온샘
등 록   2016년 8월 17일   제2018-000042호
주 소   서울시 용산구 한강대로 62다길 30, 트라이곤 204호
전 화   02-6338-1608
팩 스   02-6455-1601
이메일   book1608@naver.com

ISBN 979-11-92062-34-1 93220
값 20,000원